Mit der Gratis-App haben Sie Ihren kulinarischen Reiseführer auch unterwegs immer dabei!

UND SO EINFACH GEHT'S:

APP HERUNTERLADEN

Laden Sie einfach die kostenlose App »Indische Küche in London« im Apple App Store oder Google Play Store auf Ihr Smartphone.

DIE WICHTIGSTEN INHALTE IMMER DABEI

- alle vorgestellten Spaziergänge mit Adressen und interaktiver Karte
- Infos zu den Restaurants und kulinarischen Spezialitäten, besondere Reisetipps, Rezepte zum Nachkochen

Erhältlich im App Store

ANDROID APP BEI Google play

Indische Küche in London

KULINARISCHE SPAZIERGÄNGE
UND ORIGINALREZEPTE

GABRIELE GUGETZER
FOTOGRAFIE: UWE TÖLLE

QUALITÄTS G|U GARANTIE

DIE GU-QUALITÄTS-GARANTIE

Wir möchten Ihnen mit den Informationen und Anregungen in diesem Buch das Leben erleichtern und Sie inspirieren, Neues auszuprobieren. Bei jedem unserer Bücher achten wir auf Aktualität und stellen höchste Ansprüche an Inhalt, Optik und Ausstattung. Alle Rezepte und Informationen werden von unseren Autoren gewissenhaft erstellt und von unseren Redakteuren sorgfältig ausgewählt und mehrfach geprüft. Deshalb bieten wir Ihnen eine 100 %ige Qualitätsgarantie.

Darauf können Sie sich verlassen:
Wir legen Wert darauf, dass unsere Kochbücher zuverlässig und inspirierend zugleich sind.
Wir garantieren:
- dreifach getestete Rezepte
- sicheres Gelingen durch Schritt-für-Schritt-Anleitungen und viele nützliche Tipps
- eine authentische Rezept-Fotografie

Wir möchten für Sie immer besser werden:
Sollten wir mit diesem Buch Ihre Erwartungen nicht erfüllen, lassen Sie es uns bitte wissen! Nehmen Sie einfach Kontakt zu unserem Leserservice auf. Sie erhalten von uns kostenlos einen Ratgeber zum gleichen oder ähnlichen Thema. Die Kontaktdaten unseres Leserservice finden Sie am Ende dieses Buches.

GRÄFE UND UNZER VERLAG
Der erste Ratgeberverlag – seit 1722.

INHALT

DIE KÜCHE INDIENS

Für jeden Tag, zu jedem Anlass

Die Liebesaffäre zwischen den Briten und der indischen Küche dauert schon lange an. Ihren Ursprung nahm sie natürlich, als Großbritannien noch den Rang einer Weltmacht besaß und Königin Victoria in Indien sogar Kaiserin war. Heute gibt es in Großbritannien mehr als 12 000 indische Restaurants – mit einer beachtlichen Wirtschaftsleistung von über 3 Milliarden Pfund jährlich. Der Einfluss der indischen Küche aber lässt sich kaum in Zahlen ausdrücken. Das Curry hat sich längst zum beliebtesten Schnellgericht entwickelt, und die Gewürze, die indische Köche meisterhaft kombinieren, haben die Küche Großbritanniens nachhaltig beeinflusst.

INDIEN HAT 26 REGIONALKÜCHEN

Die indische Küche gibt es nicht. Sondern 26 anerkannte Regionalküchen neben den Küchen von Pakistan und Bangladesh. Die Kochbuchautorin Madhur Jaffrey vergleicht sie, was die Geschmacksvielfalt anbelangt, mit der Vielfalt, die der europäische Kontinent an Länderküchen hervorgebracht hat. Indische Küche kann vegan sein oder fleischlastig, süßsauer, pikant oder scharf. Im Norden ist Brot und nicht Reis das Hauptnahrungsmittel.

In manchen Religionsgemeinschaften wird nicht mit Knoblauch und Zwiebeln gekocht, weil diese in dem Ruf stehen, die sexuelle Begierde anzufachen. Und in längst nicht jeder indischen Regionalküche werden Chilis so verwendet, als seien sie ein Grundnahrungsmittel.

INDISCH ESSEN IN LONDON

In London, dieser ausgehfreudigen, aufgeschlossenen und rundum kosmopolitischen Stadt, gibt es viele Hunderte indischer und auch pakistanischer Restaurants. Die vom Guide Michelin ausgezeichneten gehören sicherlich zum Besten, was die indische Küche weltweit zu bieten hat. Aber auch in kleinen vegetarischen Imbissen wird häufig hervorragend gekocht. In den Trendvierteln hat indisches Essen, das als frisch und unkompliziert gilt, überall Einzug gehalten. Während Sie in der Michelin-Gastronomie echten Weltstars beim Abendessen auf den Teller schauen können, ist dort die Chance größer, ein paar tätowierte Tänzer kennenzulernen, die sich gleich ins Londoner Nachtleben aufmachen werden.

Gut gelaunt: die Autorin Gabriele Gugetzer in Gesellschaft von *pearlies*

SPAZIERGÄNGE UND EINE WELTREISE

Sie merken schon: Dieses Buch will Sie entführen, auf eine veritable Weltreise. Denn nicht nur die Küche des indischen Subkontinents ist unglaublich spannend, vielfältig, abwechslungsreich und lebendig. Auch meine Lieblingsstadt London ist es. Ob es nun Ihr erster oder Ihr nächster London-Aufenthalt ist: Damit Sie wissen, wo Sie zum Frühstück, mittags und abends lecker, fein, gesund oder preiswert essen gehen können, habe ich dieses Buch geschrieben.

Es ist eingeteilt in Spaziergänge. Einige dieser Spaziergänge führen durch Ecken, die Sie vielleicht schon zu kennen meinen, aber so bestimmt noch nicht wahrgenommen haben. Andere führen durch Straßen, die auch viele Londoner noch auf dem Zettel haben. Sie können dieses Buch also als Wanderführer durch London nutzen.

Aber es ist auch ein Kochbuch. Fast fünfzig Rezepte von indischen und pakistanischen Köchen in London habe ich für Sie zusammengestellt. Wo Sie vor Ort die dafür erforderlichen Gewürze erwerben können und wie Kurkuma & Co. auf Hindi heißen, finden Sie hier ebenfalls. Ich möchte Sie mit meinen Tipps einladen, London einmal von einer ganz anderen Seite zu entdecken.

Und ich hoffe natürlich, dass diese Reise, auch wenn sie vielleicht nur in Gedanken auf dem gemütlichen Sofa zu Hause passiert, Sie dazu verführt, die indische und pakistanische Küche selbst auszuprobieren. Das geht nämlich ganz einfach. Um authentisch indisch und pakistanisch zu kochen, müssen Sie nicht die ausgeklügelten Techniken der französischen Küche beherrschen und in Küchenausstattung investieren. Wenn die Gewürze gut sind, reichen normale Küchengeräte zwischen Schmortopf und Bratpfanne völlig aus, und Ihre Neugier auf neue Rezepte sowie ein paar willige Genießer sind alles, was Sie zum Gelingen brauchen. Viel Spaß dabei!

DOS AND DON'TS

10 Tipps für einen stressfreien Aufenthalt

1. HÖFLICHKEIT

Sie ist der Grund, warum sich die zwölf Millionen Londoner, die über 300 Sprachen sprechen, nicht ständig in die Haare kriegen. *Sorry* ist das Wort, das Sie bei Ihrem Aufenthalt am häufigsten hören werden, auch wenn Sie aus Versehen angerempelt wurden. Bedanken Sie sich dafür mit einem Lächeln oder mit *That's alright*. Wenn sich jemand bei Ihnen bedankt, danken Sie zurück mit *You're welcome*.

2. ZEITUNGEN

Morgens liegt die kostenlose »Metro« an den Haltestellen aus, abends wird Ihnen der »Evening Standard« gratis in die Hand gedrückt. Letzerer wurde 1827 gegründet und ist nach wie vor eine ordentlich gemachte Tageszeitung. Sie bietet einen guten Einblick ins Londoner Geschehen, Shopping- und Ausgehtipps eingeschlossen. Hinterlassen Sie die Zeitung auf dem Sitz oder entsorgen Sie sie in den Behältern am U-Bahn-Ausgang.

3. TUBE-ETIKETTE

Vier Millionen Fahrten täglich verzeichnet die U-Bahn, die *tube*. Sie hält diesem Ansturm überraschend gut stand; nur nicht Touristen, die auf den Rolltreppen den ganzen Verkehr aufhalten. Die eiserne Regel lautet: Rechts stehen, links gehen.

4. SPENDIERHOSEN

Die Briten sind spendenwillig und machen sich dabei gerne zum Affen. Wenn Sie sich also wundern, warum Ihnen ein Clown oder ein grün angemaltes Männchen fröhlich lächelnd einen Eimer hinhält, fragen Sie einfach, wofür gesammelt wird. An den U-Bahn-Haltestellen weisen offizielle Durchsagen auf die aktuellen Spendensammler hin.

5. £ 1 = € 1

London ist eine der teuersten Städte der Welt. Auch für die meisten Londoner. Am besten gar nicht erst von Pfund auf Euro umrechnen. Das verdirbt bloß die Laune.

6. TOURISTENZIELE

Hierher verirren sich Londoner selten: Oxford Street zwischen Tottenham Court Road und Oxford Circus, Madame Tussauds, London Dungeon, Petticoat Lane, Camden Lock, Harrods.

7. HANDYKLAU

London ist zwar riesig, aber von Ausnahmen abgesehen nicht gewalttätig. Kleinkriminalität ist eine andere Sache. Täglich werden beispielsweise etwa 300 Handys gestohlen. Bitte mit Blick auf Ihr Umfeld telefonieren. Es gibt Gangs, die sich darauf spezialisiert haben, Menschen beim Telefonieren das Handy zu entreißen.

8. TAXEN

Die schönen schwarzen Taxen *(black cabs)* sind im Stadtgebiet billiger als die Minicabs und auch viel cooler. *Minicabs* sind normale Autos, organisiert über *Minicab*-Vermittlungen. Sie werden vorbestellt und lohnen sich außerhalb der Rush Hour oder in abgelegenen Stadtteilen für die Fahrt zum Flughafen sowie für weite Strecken. Ein Preisvergleich empfiehlt sich. Steigen Sie bitte niemals in ein Auto, das anhält und vorgibt, ein *Minicab* zu sein.

9. REISEPLANUNG

Eine längere Fahrt mit der Tube, dem Bus oder dem Vorortzug plant man am besten im Voraus. Die offizielle Website ist immer auf dem aktuellen Stand, auch was Verspätungen oder Zugausfälle anbelangt. Und die gibt es – die Tube feiert 2013 immerhin ihr 150-jähriges Jubiläum. http://journeyplanner.tfl.gov.uk

10. SCHNAPPATMUNG

Wenn Sie kein Teenager mehr sind, werden die Menschenmassen Sie an einigen Orten zu bestimmten Zeiten vielleicht überfordern: an Wochenenden ab Mittag rund um Leicester Square, Covent Garden, Piccadilly Circus und Oxford Circus sowie wochentags zwischen 17.45 und 18.30 Uhr in den zentralen U-Bahn-Haltestellen (ab Oxford Circus in alle Richtungen).

Stand on the right
No smoking
STOP

DIE SPAZIERGÄNGE

Eine Reise durch die ganze Welt

Die meisten Londoner kennen nur zwei Viertel gut – das, in dem sie wohnen, und das, in dem sie arbeiten. Für regelmäßige Erkundigungen ist die Stadt mit mehr als 1500 Quadratkilometern einfach zu groß. Nach der Lektüre dieses Buchs werden Sie den Londonern also viel voraus haben. Der berühmte Lexikograf Samuel Johnson schrieb bereits im 18. Jahrhundert über seine Stadt: »*By seeing London, I have seen as much of life as the world can show.*« Mehr als London muss man also gar nicht kennen.

LONDON ZU FUSS

London zu Fuß zu durchstreifen ist besonders unterhaltsam. Der Hindu-Himmel als Terrakotta-Armee, bengalische Straßenschilder oder quietschgelbe winzige Limetten würden Ihnen sonst sicherlich entgehen. Zeitgenössische Straßenkunst, leuchtende Stoffe oder ein indisches Café, das Chai und Champagner serviert, ebenso. Denn das Spannende an den Spaziergängen in diesem Buch ist nicht nur ihre Ausrichtung gen Indien, sondern auch ihr Umfeld. Und das kann klassisch britisch sein, fußballverrückt oder kunstorientiert. Da der öffentliche Nahverkehr gut ausgebaut ist, sind Sie selbst in den eher am Rand Londons gelegenen Zielen, wie der Green Street unweit der olympischen Austragungsorte oder Southall im Westen, gut an die Innenstadt angebunden.

Die Karte auf der nächsten Seite gibt Ihnen einen Überblick über die Spaziergänge.

VON DOWNTON ABBEY BIS MODERN ART

Wenn Sie Traditionen schätzen und TV-Serien wie »Downton Abbey« mit einem Earl Grey zelebrieren, wird Ihnen der Spaziergang durch Knightsbridge und Mayfair gefallen. Er führt an blendend weiß gestrichenen Hausfassaden und am Buckingham Palace vorbei, durch Alleen und zu den berühmtesten Parks der Stadt. In diesem unaufdringlich teuren Umfeld finden sich die besten indischen Restaurants der Welt.

Nicht minder interessant ist das East End mit seiner langen Geschichte zwischen Alt und Neu. Seine Nähe zum Londoner Bankenviertel, der City, lockt gut verdienende Banker, die sich (für sehr viel Geld) in Hochhäuser einkaufen. Aber auch das alte East End, einstöckig und windschief, ist sehr angesagt. Hier wohnen Schauspieler, Models, Musiker und Künstler Tür an Tür mit vielköpfigen strenggläubigen Familien aus Bangladesh. Gekocht wird handfest, scharf oder pakistanisch-deftig.

AUSGEHEN VON MORGENS BIS ABENDS

Soho und Covent Garden sind auch denjenigen ein Begriff, die noch nie in London waren. Theater, Musicals, Museen sind die Stichworte; Shoppen und Ausgehen kann man hier sehr zentral, ohne große Wege und durchgängig auf Weltniveau. Die vielen Restaurants machen schon mittags, wenn die Büroangestellten ihre Pause einlegen, ein großes Geschäft, und sind am Abend Ausgangspunkt für ein Kopfüber in die Londoner Nacht. Die vielen Museen haben an bestimmten Tagen auch abends geöffnet. Mit anderen Worten: Hier ist immer etwas los. Erst nach Schließung der Pubs um 23 Uhr wird es ruhig.

MY BIG FAT INDIAN WEDDING

Green Street lohnt den Besuch, denn sie ist, wie ihr teuerster Juwelier sagt, »ein Besuch in Asien«. Niedrige Häuser, nicht ganz so aufgeräumte Straßen, Lädchen – man mag kaum glauben, dass Green Street von Hochzeitsplanern aus der ganzen Welt aufgesucht wird, die hier für ein paar Hundert und durchaus mehrere Millionen Pfund alles bekommen, was man für eine prächtige Hochzeit braucht. Sie stärken sich im vegetarischen (und supergünstigen) Restaurant Chawallah.

HERZHAFT SHOPPEN UND ESSEN

Southall ist ein Tummelplatz: Stoff-, Kruschtelläden, Moscheen und Tempel. Dazwischen gibt es hervorragende Restaurants für den kleinen Geldbeutel. Viele Köche kommen aus der indisch-pakistanischen Region Punjab, wo man das Backen und Grillen im Tandoorofen perfektioniert hat. Selbst die königliche Familie geht hier essen.

London
Southall
Knightsbridge
Hyde Park
Regents Park
Hampste
Westmins
Themse
Kew Gardens
Richmond Park

Green Street
East End
Themse
Greenwich

FEATURING THE SONGS OF
MICHAEL
AND THE
JACKSON 5
THRILLER
eurochange
I WANT YOU BACK
I'LL BE THERE
38
DW 261
addison lee
LM12 VEU

POLLO
GIELGUD
THEATRE
Twelfe Night
Or what you will.
Victoria 38
TELEPHONE
N770 XAV

SOHO & CO.

Indisch für jeden Tag

Soho und Covent Garden, die das Londoner West End bilden, besucht eigentlich jeder Tourist schon bei seiner ersten Londonreise – tagsüber zum Shoppen, zwischendrin zum Essen, abends zum Ausgehen und Flanieren.

Im *theatreland*, wo sich viele der berühmtesten Theater der Welt befinden, stehen auch internationale Filmstars wie Judie Dench, Jude Law, Ian McKellen, Ralph Fiennes und Benedict Cumberbatch regelmäßig auf der Bühne. Dazwischen findet man immer noch die kleinen Jazzclubs früherer Tage. Wer es dagegen lieber gigantisch mag, besucht eines der zahlreichen Musicals.

Reist man mit der ganzen Familie nach London, steht Covent Garden meist ganz oben auf der Wunschliste. Rund um die schön restaurierten Markthallen läuft ein Unterhaltungsprogramm unter freiem Himmel, und Straßenzüge voller Läden laden zum Bummeln ein.

VOM JAGDREVIER ZUM TRENDVIERTEL

Einstmals war Soho ein Jagdrevier (der Name leitet sich von einem Jagdruf ab), in den Sechzigerjahren war es – wie heute wieder – *swinging* und in den Achtzigerjahren ein etwas heruntergekommenes Rotlichtviertel. Schon immer galt Soho als Talent- und Trendschmiede. Filmgesellschaften sind seit Langem hier ansässig, Agenturen und Special-Effects-Firmen haben sich dazugesellt, überdies ein früherer Beatle. Was sich hier etabliert hat, setzt sich auch weltweit durch, von der Mode bis zum Essen.

Im Kaufhaus »Liberty's« und in der Carnaby Street kann man sich dem Kaufrausch hingeben. Für den schnellen Lunch oder die Stärkung vor einer Ausgehnacht haben sich in dieser Kreativ-Enklave kleine, fix arbeitende Restaurants angesiedelt, die aus den Küchen zwischen Peru und Sichuan, Japan und New York alles anbieten, was lecker schmeckt. Indien ist natürlich auch dabei.

ZIMT UND TAMARINDE

Viele Touristen haben schon die Kette »Masala Zone« entdeckt. Das Essen dort ist lecker und dank der gruppentauglichen Snacks ein wirklich problemloser Einstieg in die indische Küche. Wer lieber jenseits der Systemgastronomie schnell und frisch essen möchte, ist im »Imli« (Tamarinde auf Hindi) gut aufgehoben. Oder in den Restaurants von Vivek Singh, die alle den Zimt im Restaurantnamen führen, »Cinnamon Club«, »Cinnamon Kitchen« und das neueste in Soho, »Cinnamon Soho«. Es hat sich der frischen, unkomplizierten Küche verschrieben und mit *scotch eggs* sogar einen englischen Pub-Klassiker auf der Karte. Ganz anders das sehr einfache »Govinda«. Es stammt noch aus der Zeit, als Indien das Traumziel von Rucksacktouristen auf der Suche nach Erleuchtung war. Hier genießt man »karmafrei«.

MODE: SEHEN UND GESEHEN WERDEN

Hochherrschaftlich ist das Somerset House am südlichen Rand von Covent Garden. Das riesige Kunst- und Kulturzentrum, 1796 erbaut, beherbergt überdies im Januar die London Fashion Week. Ein Besuch lohnt sich, auch wenn man, wie die meisten, keine Karte für eine der Schauen hat. Alle, die draußen bleiben müssen, fotografieren sich gegenseitig vor dem Eingang. Auffallen ist das Wichtigste, denn es sind stets Trend Scouts auf der Suche nach neuen Gesichtern unterwegs.

VON DER TOURISTENATTRAKTION ZUM IN-VIERTEL

Covent Garden will sich wandeln und von einer reinen Touristenattraktion zum In-Viertel werden. Das Bombay-Café »Dishoom« verkörpert diesen lässigen und weltgewandten Stil. Ein kulturelles Zugpferd ist das spannend konzipierte London Transport Museum. Die Führungen hinter die Kulissen des berühmten Royal Opera House sind sehr beliebt, und das London Film Museum hat einen erfolgreichen Ableger eröffnet. Gaukler und Straßenkünstler bieten in Covent Garden großartige Vorstellungen. Beobachtet man vor der geschmackvoll restaurierten historischen Kulisse das wuselige Treiben der Menschen aus aller Welt, kann man sich kaum vorstellen, dass große Teile Covent Gardens vor vierzig Jahren noch dem Verfall geweiht waren und anfangs nur durch die Initiative Einzelner restauriert wurden.

SOHO & CO. IM ÜBERBLICK

Unser Weg führt Sie ein bisschen kreuz und quer durch die zwei nebeneinanderliegenden Viertel Soho und Covent Garden. Wir beginnen natürlich bei »Liberty's«, dann kommen mehrere Restaurants, bevor wir nach Covent Garden gelangen. Dazwischen machen wir einen Abstecher in die Astrologie- und Hippiekultur, streifen einen Tee- und Kaffeeladen und gelangen zu einem der beliebtesten Museen der Stadt, dem Somerset House, in dem auch die jährliche Fashion Week stattfindet.

1 LIBERTY'S

Ein Muss für alle, die Design oder Stoffe lieben. Besonders schön in der Weihnachtszeit. Nettes Cafe
Regent Street/Ecke Marlborough Street
Tel.: 0044 20 7734 1234
www.liberty.co.uk
Tube: Oxford Circus

2 PHOTOGRAPHER'S GALLERY

Angesagte Fotografie-Galerie auf vier Etagen
16–18 Ramillies Street
Tel.: 0044 20 845 262 1618
www.thephotographersgallery.org.uk
Tube: Oxford Circus

WO Zwischen Regent Street, Oxford Street, Piccadilly Circus, Strand und Kingsway

WIE Mit der Tube. Haltestellen: Oxford Street, Piccadilly Circus, Leicester Square, Covent Garden, Tottenham Court Road

WANN Ab etwa 11 bis 23 Uhr (wenn die Pubs schließen)

WIESO Ausgehen, Shoppen, Musicals

WISSENSWERT An den Wochenenden bis zum späten Abend ist es hier selbst für die Verhältnisse einer Millionenstadt unglaublich voll. Ein Taxi zu bekommen, ist unmöglich; unbedingt die Fahrzeiten der letzten U-Bahnen herausfinden.

3 CINNAMON SOHO

Pfiffiges Restaurant direkt bei der Carnaby Street. Michelin-Auszeichnung
5 Kingly Street | Tel.: 0044 20 3642 8727
www.cinnamon-kitchen.com/soho-home
Tube: Oxford Circus

4 IMLI

Nettes Restaurant mit gutem Lunchangebot – indische Hausmannskost im besten Sinn
167–169 Wardour Street | Tel.: 0044 20 7287 4243
www.imli.co.uk
Tube: Tottenham Court Road

5 GOVINDA

Tempel und Restaurant, deshalb streng vegetarisch
Soho Street | Tel.: 0044 20 7437 4928
www.iskcon-london.org/govindas-london
Tube: Tottenham Court Road

6 ASTROLOGY SHOP

Alles rund um die Sterne
78 Neal Street | Tel.: 0044 20 7813 3051
www.londonastrology.com
Tube: Covent Garden

7 NEAL'S YARD

Hinterhofgeschäfte mit langer Tradition, zum Beispiel Bäckerei und Apotheke mit schönen Fläschchen
Neal's Yard | Tube: Covent Garden

8 COVENT GARDEN MARKET UND APPLE MARKET

Prächtige Markthallen, heute eine Touristenattraktion. Der Apple Market mit vielen kleinen Ständen für Kunstgewerbe schließt sich direkt an.
Tube: Covent Garden

9 DRURY TEA & COFFEE COMPANY

Gut sortiertes Tee- und Kaffeegeschäft (siehe S. 36)
3 New Row | www.drury.uk.com
Tube: Covent Garden

10 SOMERSET HOUSE

Eines der beliebtesten Kulturhäuser der Stadt
Tel.: 0044 20 7845 4600 | www.somersethouse.org.uk
Tube: Covent Garden

1 LIBERTY'S

Londoner und Ausländer sind sich einig: Wer Design oder Stoffe liebt, für den ist dieses dank seiner (gefakten) Tudorfassade so typisch englisch aussehende Geschäft einfach ein Muss. Wegen der himmelhohen Preise ist es nicht unbedingt ein Einkaufstempel, aber als Inspirationsquelle äußerst lohnend. In der Weihnachtszeit möchte man am liebsten einziehen. Das nette Café im zweiten Stock ist am Samstagnachmittag allerdings völlig überfüllt.
Kanne Tee im Liberty Café: £ 3,50

2 PHOTOGRAPHER'S GALLERY

Auf vier Etagen präsentiert die in Fach- und Kunstkreisen angesagte Fotografie-Galerie etablierte Fotografen und Newcomer. Zudem führt sie einen sehr guten *gallery shop* (auch für Fotodrucke), veranstaltet zudem Workshops, Fotokurse sowie Events und verleiht den angesehenen Fotopreis der Deutschen Börse.
Eintritt: frei

3 CINNAMON SOHO

Auch als Take-away gibt es die einfachen, leckeren Gerichte mit witzigem englischem Einschlag. Das pfiffige Restaurant liegt direkt bei der Carnaby Street und ist den strengen Michelin-Testern eine kleine Auszeichnung wert.
Sonntagsbrunch bis 15 Uhr: ca. £ 20

DER SOUNDTRACK DER STRASSE

»West End Girls«, der Klassiker der Pet Shop Boys, ist immer noch ein Pop-Ohrwurm. Und natürlich gibt's die West End Girls und Boys noch, die sich mächtig gestylt am frühen Abend treffen und bewundern. Richtig gute Popmusik können die Briten wie keine andere Nation, und sie passt perfekt zu Soho, diesem lifestyligen Viertel. Besonders beliebt sind hier Sängerinnen von Adele und Emeli Sandé bis zu Rita Ora und Paloma Faith.

4 IMLI

War es das »Imli« oder doch das »Café Spice Namaste« im East End (siehe S. 73), die das Nanwich erfanden, die überaus pfiffige, gesunde und sättigende Alternative zum Mittagsbrötchen? Dieser beliebte Lunchimbiss ist auf jeden Fall der Renner im überaus netten »Imli«. Obwohl es äußerst schnell gehen muss zur Mittagszeit, setzt man in diesem Restaurant auf Qualität, und sämtliche Gerichte werden immer frisch zubereitet.

Dass solche indische Hausmannskost im besten Sinne nicht nur lecker schmeckt, sondern auch eine gute Grundlage fürs spannende Sohoer Nachtleben ist, hat sich mittlerweile herumgesprochen. Das brachte die Macher des »Imli« auf die Idee, die Bar gleich mitten ins Restaurant zu bauen. Wer will, muss also nach dem leckeren Abendessen gar nicht weiterziehen.

Hauptgerichte: um £ 6.

IMLI'S CHICKEN NANWICH

NAAN-BRÖTCHEN MIT HÄHNCHENFÜLLUNG

Gefüllt wird dieser neue Fastfood-Klassiker der indischen Küche mit Chicken Tikka. Dieses fein gewürzte Gericht mit Hähnchenfleisch findet sich auf wohl jeder indischen Speisekarte. Als Füllung ist es eine köstliche Resteverwertung.

Für 4 Personen
1 rote Paprikaschote
500 g Chicken Tikka (siehe S. 114)
200 g Tomaten- und / oder Mango-Chutney (aus dem Glas)
1 großes Naanbrot (siehe S. 147)
2 EL Butter
100 g Avocadocreme (siehe Tipp)
200 g Sahnejoghurt (10 % Fett)
2 EL flüssiger Honig
Zimtpulver
Salz

Zubereitung ca. 15 Min.
Pro Portion ca. 505 kcal

1 Den Backofen auf 180° vorheizen. Die Paprikaschote halbieren, putzen und waschen. Die Hälften mit den Schnittflächen nach unten auf ein mit Backpapier ausgelegtes Backblech legen und im Ofen (Mitte) ca. 30 Min. backen, bis die Haut Blasen wirft und teilweise dunkel wird.

2 Die Paprika herausnehmen (den Ofen nicht abschalten) und etwas abkühlen lassen. Die Haut mit einem spitzen Messer abziehen und die Paprika in Stücke schneiden. Mit Hähnchenfleisch und Chutney in einer Schüssel mischen.

3 Das Naanbrot längs halbieren. Zuerst mit Butter, dann mit etwas Avocadocreme bestreichen und die Hähnchen-Mischung darauf verteilen. Das Brot auf ein mit Backpapier ausgelegtes Backblech legen und im Ofen in 1–2 Min. kross backen.

4 Die Brote zusammenklappen. Den Joghurt mit Honig, Zimtpulver und etwas Salz verrühren. Die Nanwich mit dem Joghurt-Dip servieren.

AVOCADOCREME

2 reife Avocados längs halbieren und den Stein entfernen. Das Fruchtfleisch mit einem Löffel auslösen und sofort mit dem Saft von ½ Zitrone beträufeln. 2 Knoblauchzehen schälen und sehr fein hacken. Das Avocadofruchtfleisch mit dem Knoblauch und etwas Salz mischen und mit einer Gabel fein zerdrücken.

IMLI'S PAPDI CHAT

LECKERER STRASSENSNACK

Papdi (oder auch Papri) sind knusprige, hauchdünne Cracker, die man in indischen Supermärkten bekommt. Sie bestehen aus Mehl, Ghee und Zwiebelsamen und werden in Öl kross gebacken. Zusätzliches Aroma erhalten sie durch Chat Masala, einer frisch und pikant schmeckenden Gewürzmischung.

Für 4 Personen
400 g Kartoffeln
Salz
100 g Mungbohnensprossen
1 Schalotte
½ TL gemahlener Kreuzkümmel *(jeera)*
1 Msp. Chilipulver *(deggi mirch)*
½ TL Chat Masala
20 Papdi (siehe oben)
400 g Naturjoghurt
4 EL Tamarinden-Chutney (siehe S. 30)
2 EL grünes Chutney (siehe S. 77)
4 EL Nylon-sev-Nudeln (feine Nudeln aus Kichererbsenmehl)

Zubereitung ca. 20 Min.
Pro Portion ca. 190 kcal

1 Die Kartoffeln schälen und waschen, in kleine Würfel schneiden und in wenig Salzwasser zugedeckt in ca. 10 Min. weich garen. Die Sprossen in kochendem Salzwasser ca. 1 Min. blanchieren. Dann in ein Sieb abgießen, abschrecken und abtropfen lassen. Die gegarten Kartoffeln ebenfalls in ein Sieb abgießen und abtropfen lassen. Kartoffeln und Sprossen in eine Schüssel geben.

2 Die Schalotte schälen und in sehr kleine Würfel schneiden. Kreuzkümmel, Chilipulver und Chat Masala mischen und mit den Kartoffeln und Sprossen verrühren.

3 Je 5 Papdi auf Teller legen und die Kartoffel-Sprossen-Mischung darauf verteilen. Den glatt gerührten Joghurt und zum Schluss die beiden Chutneys darüberträufeln. Die Papdi mit den knusprigen Nylon-sev-Nudeln bestreut servieren.

TRADITION STRASSENSNACK

In der indischen Küche spielen Straßensnacks eine wichtige Rolle, zudem bieten sie Millionen von Kleinstunternehmern eine Existenzgrundlage. Die Karren, auf denen die Verkäufer ihre Mahlzeiten frisch zubereiten und anbieten, sind meist grellbunt bemalt. Die schnellen indischen Straßensnacks sind mit westlichen Fastfood-Burgern oder Pommes allerdings nicht zu vergleichen. Sie zeigen kulinarische Einflüsse aus der ganzen indischen Küche, der britischen eingeschlossen. Bhel puri (siehe S. 64) und Vada pau (siehe S. 65) sind ebenfalls typische Snacks, die auf den Straßen angeboten werden.

IMLI'S MASALA GRILLED CHICKEN

MASALA-HÄHNCHEN VOM GRILL

Für dieses Rezept verwenden die Köche im »Imli« nicht die bekannte Gewürzmischung Garam Masala, sondern die etwas fruchtigere Chat-Masala-Mischung. Das tatsächliche Würzverhältnis und die Zutaten der Mischung hält das »Imli« allerdings streng geheim.

Für 4 Personen

FÜR DAS HÄHNCHEN:

4 Hähnchenbrustfilets
1 grüne Chilischote
1 Stück Ingwer (ca. 1 cm)
1 kleine Knoblauchzehe
1 Msp. Tamarindenpaste *(imli)*
Salz
2 EL Öl
100 g Avocadocreme (siehe Tipp S. 22)

FÜR DAS KARTOFFELPÜREE:

500 g Kartoffeln
Salz
2 grüne Chilischoten
½ Zitrone
1 Bund Koriander
3 EL Öl
1 Msp. gemahlener Kreuzkümmel *(jeera)*
1 Msp. Kurkumapulver *(haldi)*
½ TL Chat Masala
1 EL Butter
1 EL Sahne

Zubereitung ca. 55 Min. | Marinieren 2 Std.
Pro Portion ca. 390 kcal

1 Für das Hähnchen das Fleisch kalt abbrausen und trocken tupfen, in jeweils drei Scheiben schneiden und diese in eine flache Schüssel legen. Die Chilischote putzen, waschen und fein hacken. Den Ingwer und den Knoblauch schälen und fein hacken. Chili, Ingwer, Knoblauch, Tamarindenpaste und etwas Salz mit dem Öl verrühren. Das Fleisch mit dem Würzöl beträufeln und mindestens 2 Std. zugedeckt kühl stellen.

2 Inzwischen für das Kartoffelpüree die Kartoffeln schälen, waschen, in kleine Würfel schneiden und in wenig Salzwasser in ca. 10 Min. weich garen. Dann abgießen, abtropfen lassen und mit dem Kartoffelstampfer oder einer Gabel zerdrücken. Das Kartoffelpüree warm halten.

3 Die Chilischoten putzen, dabei nach Belieben die scharfen Kerne entfernen, waschen und fein hacken. Den Saft der Zitrone auspressen. Den Koriander waschen und trocken schütteln, die Blätter abzupfen und fein zerpflücken. 1 EL Öl in einer Pfanne erhitzen und die Kreuzkümmelsamen darin wenige Sekunden braten. Kurkumapulver und Chili dazugeben und kurz erhitzen. Die Kartoffeln, Zitronensaft, Chat Masala, Butter und Sahne dazugeben, unter Rühren erwärmen und salzen.

4 Das restliche Öl in einer Grillpfanne erhitzen. Das Fleisch darin auf beiden Seiten in ca. 6 Min. gar braten.

5 Das Kartoffelpüree auf Teller verteilen, die Hähnchenfilets darauf anrichten und die Avocadocreme dazu servieren.

IMLI'S ALOO MATAR KI TIKKI RAGDA

KARTOFFEL- UND ERBSENKÜCHLEIN

Erbsen und Kartoffeln – das klingt ja eigentlich richtig deutsch. Doch die Aromen in diesem Gericht sind natürlich typisch indisch. Ein interessantes und nicht zu intensiv schmeckendes Einsteigerrezept in die indische Küche.

Für 4 Personen

FÜR DIE ERBSENKÜCHLEIN:

200 g gelbe Spalterbsen
2 EL Kurkumapulver *(haldi)*
Salz
1 Schalotte
1 Stück Ingwer (ca. 1 cm)
1 Knoblauchzehe
2 EL Öl
1 EL Kreuzkümmelsamen *(jeera)*
2 Tomaten
½ TL gemahlener Kreuzkümmel *(jeera)*
½ TL Chat Masala

FÜR DIE KARTOFFELKÜCHLEIN:

300 g Kartoffeln
Salz
100 g TK-Erbsen
1 kleines Bund Koriander
1 Stück Ingwer (ca. 3 cm)
1 kleine rote Chilischote
3 EL Öl

AUSSERDEM:

4 EL grünes Chutney (siehe S. 77)
4–5 EL Tamarinden-Chutney (siehe S. 30)

Zubereitung ca. 1 Std. | Einweichen ca. 12 Std.
Pro Portion ca. 315 kcal

1 Am Vortag für die Erbsenküchlein die Spalterbsen in einer Schüssel mit Wasser bedecken und über Nacht einweichen.

2 Am Zubereitungstag die Spalterbsen in ein Sieb abgießen. Mit wenig Wasser, 1 EL Kurkumapulver und Salz in einen Topf geben. Die Erbsen zum Kochen bringen und zugedeckt in ca. 30 Min. weich garen. Abgießen und abtropfen lassen.

3 Schalotte, Ingwer und Knoblauch schälen und jeweils in sehr kleine Würfel schneiden. Öl in einer Pfanne erhitzen und die Kreuzkümmelsamen darin kurz braten. Die Schalotte dazugeben und glasig dünsten. Ingwer und Knoblauch mitdünsten.

4 Tomaten waschen, halbieren und in Stücke schneiden, dabei die Stielansätze entfernen. Tomaten mit der Schalotte ein paar Minuten köcheln. Spalterbsen, das übrige Kurkumapulver, gemahlenen Kreuzkümmel und Chat Masala dazugeben. Alles in ca. 10 Min. zu einer festen Masse köcheln. Etwas abkühlen lassen, acht Küchlein daraus formen und warm halten.

5 Für die Kartoffelküchlein die Kartoffeln schälen, waschen in kleine Würfel schneiden und in wenig Salzwasser in ca. 10 Min. weich garen. Abgießen, mit dem Kartoffelstampfer oder einer Gabel zerdrücken und mit den aufgetauten Erbsen mischen.

6 Den Koriander waschen und trocken schütteln, die Blätter abzupfen und zerzupfen. Ingwer schälen und fein hacken, Chilischote putzen, dabei nach Belieben die scharfen Kerne entfernen, waschen und fein hacken. Die Kartoffelmasse mit Koriander, Ingwer und Chili mischen und zu acht Küchlein formen.

7 Die Hälfte des Öls in einer Pfanne erhitzen und vier Küchlein darin auf beiden Seiten je ca. 3 Min. knusprig braten. Die übrigen Küchlein im restlichen Öl braten. Erbsen- und Kartoffelküchlein mit den Chutneys anrichten.

IMLI'S CHUTNEY

TAMARINDEN-CHUTNEY

Für 4 Personen
50 g Tamarindenmark *(imli)*
100 g Rohrohrzucker *(jaggery)*
1 TL Garam Masala
1 TL Kreuzkümmelsamen *(jeera)*
1 Msp. Chilipulver *(deggi mirch)*

Zubereitung ca. 5 Min. | 20 Min. Kochen
Pro Portion ca. 115 kcal

1 Das Tamarindenmark mit 200 ml Wasser in einen Topf zum Kochen bringen und zugedeckt ca. 10 Min. köcheln lassen.

2 Die restlichen Zutaten unterrühren und so lange weiterköcheln, bis sich der Zucker aufgelöst und das Chutney eine sämige Konsistenz hat.

IMLI'S LASSI

ROSENBLÜTEN-LASSI

Für 4 Personen
500 g Sahnejoghurt (10 % Fett)
3 EL brauner Zucker
2 EL Rosenwasser (aus der Apotheke)

Zubereitung ca. 2 Min.
Pro Portion ca. 185 kcal

1 Joghurt, Zucker und Rosenwasser mit 1 Handvoll Eiswürfel und 200 ml Wasser mit dem Stabmixer oder im Küchenmixer pürieren.

2 Das Lassi auf Gläser verteilen und gleich servieren.

Lassi in verschiedenen Geschmacksrichtungen:
mit Rosenwasser, mit Mangopüree, mit Kräutern ...

5 GOVINDA

Schon seit Jahrzehnten spielt das »Govinda« eine Doppelrolle – als Tempel und als Restaurant –, deshalb ist Letzteres auch streng vegetarisch ausgerichtet. Die Gerichte sind robust, sättigend und nicht nur für Londoner Verhältnisse spottbillig. Die *political correctness* gibt es wie die Segnungen von Lord Krishna gratis dazu. Wer mag, kann sich die Gerichte auch einpacken lassen und im bezaubernden Soho Square Park, der direkt vor der Haustür liegt, genießen. Vielleicht treffen Sie dabei Paul McCartney, er hat am Soho Square sein Büro.
Linsensuppe mit Gemüse: £ 2

6 ASTROLOGY SHOP

Bereits im alten Indien spielte das Lesen der Sterne eine Rolle. Der Astrologie ist es wie der ayurvedischen Medizin gelungen, in unseren modernen und auf den ersten Blick wenig mystischen Zeiten Fuß zu fassen. Heutige Briten sind mehr als nur ein bisschen esoterisch angehaucht, und in diesem Laden findet man die größte englischsprachige Literaturauswahl rund um das Thema Astrologie und Mystik. Neuester Renner scheinen Zentauren zu sein ...
Persönliches Horoskop: £ 18

THE ASTROLOGY HOP
020 7813 3051
Est. 1989

Venchi
Venchi
NAUTICALIA
GALLERY

7 NEAL'S YARD

Als die Protestbewegung nach dem Vietnamkrieg das Thema Essen entdeckte, galt es als fast schon revolutionärer Akt (die Autorin spricht hier aus eigener revolutionärer Erfahrung), sein Brot selbst zu backen und nichts zu verzehren, was Augen hat. Die Zeiten von Hippies und Ökos sind lange vorbei, aber der kleine, quietschebunte und nun natürlich sehr teure Hinterhof Neal's Yard hat in dieser Protestbewegung eine große Rolle gespielt. Die Bäckerei und die Apotheke mit den schönen dunkelblauen Fläschchen gibt es noch immer.

8 COVENT GARDEN UND APPLE MARKET

Schon 1649 gab es hier einen kleinen Markt. Als das große Feuer im Jahr 1666 große Teile Londons zerstörte, expandierte er und hatte Mitte des 18. Jahrhunderts schon den größten Teil der Piazza für sich beansprucht.

Doch von einem klassischen Markt mit Äpfeln und Birnen sind die Piazza und Covent Garden heutzutage weit entfernt; der richtige Covent Garden Market ist ein Großmarkt für Blumen, Obst und Gemüse und liegt auf dem anderen Themseufer bei Vauxhall. Die prächtigen Markthallen hingegen wurden zur Touristenattraktion. Besonders nett ist der benachbarte Apple Market mit vielen kleinen Ständen, vorrangig für Kunstgewerbe.

9 DRURY TEA & COFFEE COMPANY

(siehe S. 19)

10 SOMERSET HOUSE

Eines der beliebtesten Kulturhäuser der Stadt ist Somerset House, malerisch über der Themse gelegen. Im Winter wird der Innenhof zur »glamourösesten Eisbahn« der Stadt, sagt Harper's Bazaar. Ein schöner, entspannter Ort mit interessanten Ausstellungen und einem unvergleichlichen Blick über die Themse.

Auch hier in Covent Garden sammeln *pearly kings and queens* für gute Zwecke. Ihre schwarzen Anzüge sind kunstvoll mit Perlmuttknöpfen benäht.

TEE-METROPOLE

Indien ist *nur* das siebtgrößte Land der Welt, aber mit über 900 000 Tonnen jährlich der weltweit größte Teeproduzent. Das meiste davon bleibt im Land. Assam- oder Darjeelingtees werden weltweit exportiert, vorrangig nach Großbritannien – und nach Ostfriesland. Denn Assamtee ist die Grundlage für den Ostfriesentee.

Auch für den Chai, der sich mit Milch als Chai Latte bei uns zunehmender Beliebtheit erfreut, bildet dieser kräftige Tee die Grundlage. Er wird mit Gewürzen wie Zimt, Kardamom, Gewürznelken und Pfefferkörnern aromatisch, aber nicht süß abgeschmeckt. Häufig sorgt Ingwer noch für eine leichte Schärfe. Der Begriff Chai-Tee ist übrigens doppelt gemoppelt: *chai* heißt auf Hindi bereits Tee. So wie in chinesischen Restaurants automatisch Jasmintee gereicht wird, wenn man Tee bestellt, so passen die ungewöhnlichen, aber nicht zu aufdringlichen Gewürze des Chai gut zu den intensiven Aromen der indischen und pakistanischen Küche.

WER HAT'S ERFUNDEN?

Großbritannien ist Teeweltmeister, wenn es um die Quantität geht: Erstaunliche 165 Millionen Tassen Tee trinken die Briten täglich.

Es war eine Portugiesin, Katharina von Braganza, die den Tee in England populär machte. Die Infantin sollte mit dem englischen König Charles II. vermählt werden. Als sie nach einer langen und stürmischen Seereise in England ankam, bat sie als Erstes um eine Tasse Tee.

Die Höflinge waren ratlos. Von Tee hatten sie noch nie gehört, und so reichten sie ihr nach englischer Sitte einfach ein Glas Bier, was die künftige Königin wohl erst richtig krank machte. Zu ihrer Aussteuer gehörte jedoch auch eine Teekiste, und so sorgte Katharina schon bald dafür, dass Tee bei Hof zum Trendgetränk wurde.

QUANTITÄT ODER QUALITÄT?

Längst ist Tee in Großbritannien ein »Grundnahrungsmittel« und wesentlich billiger als bei uns. Da hapert es schon mal mit der Qualität. Der größte Teil wird als Teebeutel und CTC-Ware verkauft. CTC steht für *crushing, tearing, curling*: Dem Teeblatt wird also durch Zerbrechen, Zerreißen und Rollen ziemlich viel zugemutet. Das Ergebnis ist ein zerkleinertes Blatt, das im Nu einen intensiv gefärbten und sehr kräftigen Aufguss liefert.

Teekenner schätzen losen Blatttee *(leaf tea)*, der nur zwei bis drei Minuten ziehen sollte.

TEE EINKAUFEN

Den teuersten und am schönsten verpackten Tee verkauft Fortnum & Mason (siehe S. 102). Exklusiv für Europa gibt es bei Harrods die asiatische Luxusmarke TWG aus Singapur. Auch die Traditionsunternehmen Twinings und Whittard's of Chelsea verkaufen losen Tee. Bei der **Drury Tea & Coffee Company** (siehe S. 19) finden Sie eine große Auswahl und das beste Preis-Leistungs-Verhältnis.
Darjeeling Tippy Golden FOP (500 g): £ 8,80

d coffees
DRURY
ESTABLISHED
1936
fine teas

EAST END

Currys, Kunst & Cockneys

Kunstort, Fluchtpunkt, Armenhaus, aber immer kess … Der Charme und die Überlebenskünste des East Ends und seiner Bewohner sind legendär. Gerade heute sind das Werte, die wieder sehr angesagt sind. Ein East-End-Spaziergang führt unterhaltsam durch einen Stadtteil, der spannende Kulturen und Kulturerlebnisse bietet, durch Arbeitergassen und teuer restaurierte Industriearchitektur und mitten hinein in ein lebendiges Miteinander. Auch kulinarisch ist hier richtig vielfältig was los.

Das East End ist im Trend und weniger ein geografischer Begriff als ein Gefühl. Cool, urban, lässig. Schauspielerin Keira Knightley hat in Spitalfields gerade ein Stadthaus erworben. Das Künstlerduo Gilbert & George sieht man oft in Shoreditch. Nachwuchskünstler der 1990er-Jahre machten aus Hoxton eine Insideradresse – heute sind sie wie Damien Hirst oder Tracey Emin millionenschwer oder immerhin Millionen bekannt. Brick Lanes Ruf als nächtliches Ausgehviertel hat die Nähe zu den Tatorten von Jack the Ripper nicht geschadet.

BODENSTÄNDIG AUF HOHEM NIVEAU

So unterschiedlich die Viertel, so unterschiedlich lässt es sich hier kulinarisch genießen. Es gibt moderne indische Küche mit weltstädtischem Charme, traditionelle pakistanische Gerichte in edlem Ambiente oder – am besten nach einem Pub-Besuch, wenn die Geschmacksnerven nicht mehr allzu filigran reagieren – robuste Currys.

Das End End bietet keine Dichte an Michelin-Sternen, sondern handfeste Küche, die aber oft in überraschendem Rahmen angeboten wird. Gleich zwei Cafés habe ich für Sie ausgesucht, dazu Londons edelsten Pakistaner und zudem einen ausführlichen Besuch in der Brick Lane gemacht – hier reihen sich Restaurants dicht aneinander. Jedes Restaurant auf dieser schmalen Straße wirbt damit, das beste Curry zu kochen, ob nun Londons, des Landes oder der Welt. Vor vielen stehen *touters* (Türsteher), den Anwerbern auf der Amüsiermeile Sankt Pauli in Hamburg vergleichbar. Hier locken sie Hungrige mit Verführungen der anderen Art: mal gibt's Pappadums für die Ladies umsonst, mal Rabatt auf das Hauptgericht.

MODERNE KUNST MEETS COCKNEY-CHARME

Rund um Brick Lane arbeiten auch Graffitikünstler und Street Artists. (Erstere lassen Buchstaben cool aussehen, Letztere machen Mixed Media.) Die *stencils* (Graffiti mit Sprühschablonen gesprüht) des international bekannten Banksy sind mittlerweile mit Plexiglas geschützt; immerhin erzielte eines seiner Wandbilder in New York gerade eine halbe Million Pfund.

Ebenfalls kunstvoll sind die Anzüge, mit denen sich die Cockneys, die früher das East End prägten, stadtfein machten. Sie nähten auf schlichte schwarze Anzüge so viele Perlmuttknöpfe, wie der Stoff, das Portemonnaie und der Rücken aushielten und ernannten sich zu *pearly kings and queens* oder kurz *pearlies*. Man findet sie noch heute; sie sammeln in diesen Anzügen für gute Zwecke.

MARKTTRADITIONEN

Lieblich, ländlich und fein duftend ist dagegen der Columbia Flower Market. Jeden Sonntag verwandelt sich diese kleine Straße in ein beeindruckendes Blumenmeer, und die Cockney-Verkäufer lassen ihren nicht unbeträchtlichen Charme spielen.

Spitalfields, gegenüber von Brick Lane gelegen, ist der Londoner Markt mit der längsten Tradition. Das Shoppen und Stöbern an den zahlreichen Ständen macht besonders viel Spaß, wenn das Wetter nicht mitspielt, denn dieser Markt ist überdacht wie eine große Einkaufsgalerie und täglich geöffnet.

Der Brick Lane Market ist schon allein deshalb einen Besuch wert, weil man hier alles, aber auch wirklich alles bekommt. Von der Zahnpasta über die alte Teekanne, vom Fahrradreifen über indische Häppchen … Nicht alles ist auf legale Weise hierher gelangt, deshalb schaut auch die Polizei ab und zu vorbei. Wenn mal richtig Sommer ist, erinnert Brick Lane Market an eine Kleinstadt. Kommen Sie früh – der Markt findet sonntags statt –, falls Sie auf der Suche nach Schnäppchen sind. Gefeiert wird hier übrigens so, wie Engländer eben feiern, wenn sie erst mal loslegen – trotz unübersehbarer muslimischer Präsenz.

ELEVEN
ELEVEN AND A HALF

EAST END IM ÜBERBLICK

Unsere Route beginnt an einer geschichtsträchtigen Glockengießerei und einem ebenso traditionsreichen Grillrestaurant, führt an Brick Lane und Spitalfields Market vorbei, lädt ein zum Herumstöbern in Geschäften, Entdecken von moderner Kunst auf dem Pflaster oder an den Häuserwänden und führt zum beschaulichen Blumenmarkt auf der Columbia Road. Sie endet dort, wo die neue indische Küche des East Ends begann, in ummittelbarer Nähe des Tower, im »Café Spice Namaste«. An Sonntagen ist dieses allerdings geschlossen und es empfiehlt sich eine entgegengesetzte Route, vom Columbia Flower Market zum Brick Lane Market.

1 WHITECHAPEL BELL FOUNDRY

Schon zu Lebzeiten von Königin Elizabeth I. wurden hier Glocken gegossen.
32–34 Whitechapel Road
vwww.whitechapelbellfoundry.co.uk
Tube: Aldgate East

2 TAYYABS

Eines der beliebtesten Restaurants im East End, vorausgesetzt, man ist weder Vegetarier noch auf Abnehmkurs.
83–89 Fieldgate Street | www.tayyabs.co.uk
Tel.: 0044 20 7247 8521
Tube: Aldgate East

3 RESTAURANTS AUF DER BRICK LANE

Kleine Lokale mit rustikalem Essen, die abends in größerer Runde am meisten Spaß machen.

Monsoon
78 Brick Lane
www.monsoonatbricklane.co.uk
Tube: Aldgate East

Sheba
136 Brick Lane
www.shebabricklane.com
Tube: Shoreditch High Street

Aladin
132 Brick Lane
www.aladinbricklane.co.uk
Tube: Shoreditch High Street

Standard Balti House
71 Brick Lane
www.standardbaltihouse.co.uk
Tube: Shoreditch High Street

4 TAJ STORES

Der appetitlichste, netteste und freundlichste Supermarkt. Hier gibt es alle Gewürze.
112 Brick Lane | www.tajstores.co.uk
Tube: Shoreditch High Street

5 BRICK LANE MARKET

Ob selbst genähte Schürze, schräges T-Shirt, conchierte Schokolädchen oder Retro-Mode für die Küche: Sonntags ab 9 Uhr gibt's alles. Rund um Brick Lane und Truman Brewery
ab 91 Brick Lane
Tube: Shoreditch High Street

6 BRICK LANE BOOK SHOP

Schöner kleiner und sehr gut sortierter Laden
166 Brick Lane
www.bricklanebookshop.org
Tube: Shoreditch High Street

7 COLUMBIA FLOWER MARKET

Eine Oase für die Augen und das Näschen. Hier duftet es fein nach Kräutern und Blüten.
www.columbiaroad.info.com
Tube: Shoreditch High Street

8 THE GARDEN SHOP

Herrlicher Kruschtelladen für Gärtner
120 Columbia Street Market
Tel.: 0044 20 7739 7103
Tube: Shoreditch High Street

9 DISHOOM

Optisch angesiedelt zwischen altem Indien und cooler Abrissarchitektur. Sehr, sehr freundlich
7 Boundary Street
Tel.: 0044 20 7420 9324 | www.dishoom.com
Tube: Shoreditch High Street

10 SPITALFIELDS MARKET

Aus Gusseisen Ende des 19. Jahrhunderts auf einem bestehenden Marktstandort erbaut. Tolle Industriearchitektur, schöne Läden und kleine Restaurants
Brushfield Street | www.spitalfields.co.uk
Tube: Liverpool Street Station

11 CAFÉ SPICE NAMASTE

Von hier nahm die neue indische und kalorienleichte Küche ihren Ausgang.
16 Prescot Street
Tel.: 0044 20 7488 9242 | www.cafespice.co.uk
Tube: Tower Hill

WO Zwischen dem Bankenviertel und den Dockanlagen an der Themse

WIE Mit der Tube. Haltestellen: Old Street, Liverpool Street, Aldgate, Aldgate East, Whitechapel, Bethnal Green, Shoreditch High Street

WANN Sonntags ab frühem Morgen, wochentags von 11 Uhr bis in den Abend, Brick Lanes Restaurants häufig sogar bis 1.30 Uhr.

WIESO Handfeste, traditionelle oder trendige Küche, Street Art, Märkte, Nachwuchsdesigner, Industriearchitektur

WISSENSWERT Das East End ist noch immer arm, doch es liegt im Trend, und die Immobilienpreise steigen und steigen. Gegensätze schaffen Sozialneid: Es ist deshalb ratsam, Straßen mit den Silos des sozialen Wohnungsbaus zu meiden. Man könnte als Tourist zwischen die Fronten geraten.

Tower Bridge

1 WHITECHAPEL BELL FOUNDRY

Unter der Herrschaft von Königin Elizabeth I. wurde diese Glockengießerei im Jahr 1570 gegründet. Sie ist bis heute in Betrieb. Hier wurde der Big Ben gegossen, übrigens kein Turm, sondern nur die Glocke im Turm. Für Werksführungen am besten anmelden. Riesenglocken gießen sie natürlich auch heute noch, aber die Gießerei hat sich auf Handglocken spezialisiert und bietet im angeschlossenen niedlichen Laden dazu auch Noten an.

Glocken: ca. £ 24 – 56 000
Geführte Touren: £ 12

❷ TAYYABS

»Die Küche war mein Spielplatz«, erinnert sich Wasim Tayyab, der Inhaber des »Tayyabs«. Wohl auch dank dieser Steilvorlage wurde aus einem einfachen Imbiss eines der beliebtesten Restaurants im East End.

Wasims Vater Mohammed begann Anfang der 1970er-Jahre nach einem langen Tag in den Sweatshops des East End für seine Kollegen zu kochen. Diese waren Singles oder hatten ihre Ehefrauen in Pakistan zurückgelassen; der eine oder andere sah Kochen auch als unter seiner Würde an.

Heute, fünfzig Jahre später, erstreckt sich das Restaurant über zwei Etagen und vier Stadthäuser. Wasim und seine zwei älteren Brüder sind die Chefs im Restaurant, das die leckerste Punjabi-Version deutscher Hausmannskost bietet: fleischlastige Grillgerichte, kräftig gewürzt und einfach gut, wenngleich nichts für die schlanke Linie. Das Publikum ist erstaunlich vielfältig aufgestellt. Hier kommen Banker in großer Runde und schaffen sich eine Unterlage, bevor's zum Trinken in den Pub geht; aber auch Großfamilien, Paare und Cliquen. Für Hochzeiten und Familienfeiern gibt es besondere Räume.

SAAG GOSHT

LAMM MIT SPINAT

Spinat spielt auf dem indischen Subkontinent eine große Rolle, wie überhaupt Grüngemüse. In der vegetarischen Küche wird Spinat oft mit Hülsenfrüchten kombiniert – ein preiswertes und gesundes Gericht. Auch stärkere Aromen wie hier Lamm harmonieren gut.

Für 4 Personen
500 g Lammfleisch (aus der Schulter oder Keule)
2 Zwiebeln
300 g Spinat
3 EL Ghee oder geklärte Butter
1 EL Kreuzkümmelsamen *(jeera)*
5 Gewürznelken
1 Stück Ingwer (ca. 2 cm)
2 Knoblauchzehen
1 TL Chilipulver *(deggi mirch)*
ca. ¼ l Hühnerbrühe
3 große Tomaten
1–3 EL Chilischoten (nach Belieben)
Salz
½ EL Garam Masala

Zubereitung ca. 30 Min. | Kochen ca. 40 Min.
Pro Portion ca. 290 kcal

1 Das Lammfleisch trocken tupfen und in große Würfel schneiden. Die Zwiebeln schälen und in kleine Würfel schneiden. Den Spinat verlesen, waschen und abtropfen lassen.

2 Das Ghee in einem Schmortopf erhitzen. Die Kreuzkümmelsamen und die Gewürznelken darin kurz braten, bis sie duften. Die Zwiebeln dazugeben und ca. 5 Min. glasig dünsten.

3 Den Ingwer und den Knoblauch schälen, fein hacken und mischen. Die Mischung mit einer Gabel oder im Mörser zerdrücken. Das Ingwer-Knoblauch-Mus mit dem Chilipulver zu den Zwiebeln geben und ein paar Minuten mitdünsten.

4 Das Lammfleisch hinzufügen und rundherum anbraten. Mit der Brühe ablöschen.

5 Die Tomaten waschen, halbieren und die Stielansätze entfernen. Die Hälften in grobe Stücke schneiden und mit dem Spinat in den Topf zum Lammfleisch geben. Nach Belieben Chilischote(n) putzen und waschen, fein hacken und dazugeben. Alles zugedeckt ca. 40 Min. köcheln lassen, dabei, falls nötig, noch etwas Brühe angießen.

6 Saag Gosht mit Salz abschmecken und das Garam Masala unterrühren. Dazu passt am besten Reis.

BAINGAN

LINSENCURRY MIT AUBERGINEN

Ein perfektes Essen für Vegetarier ist dieses kinderleichte Auberginen-Linsen-Curry. Viele Köche kreieren Varianten davon, beispielsweise mit Rosinen und Nüssen, oder sie reichen ein pikantes Chutney oder süßsauer eingelegte Pickles dazu.

Für 4 Personen

FÜR DIE AUBERGINEN:

1 kg Auberginen (am besten kleine Auberginen aus dem Asia-Markt)
1 große Zwiebel
1 Stück Ingwer (ca. 1 cm)
1 kleine Knoblauchzehe
2 große Tomaten
1 EL Öl
½ EL Kreuzkümmelsamen *(jeera)*
1 TL gemahlener Koriander *(dhania)*
½ TL Chilipulver *(deggi mirch)*
Salz

FÜR DAS LINSENCURRY:

1 Stück Ingwer (ca. 1 cm)
1 kleine Knoblauchzehe
1 EL Olivenöl
200 g rote Linsen
½ TL Bockshornkleesamen *(methi)*
½ TL Kurkumapulver *(haldi)*
1 Msp. gemahlener Koriander *(dhania)*
1 Limette
Salz

Zubereitung ca. 1 Std. 10 Min.
Pro Portion ca. 230 kcal

1 Für die Auberginen den Backofengrill vorheizen. Die Auberginen waschen und trocken tupfen, mit einer Gabel rundherum ein paar Mal einstechen und auf ein Backblech legen. Die Auberginen unter dem Grill (Mitte) garen, bis sich die Haut dunkel verfärbt, dabei zwischendurch wenden. Herausnehmen und etwas abkühlen lassen, dann die Haut abziehen und das Fruchtfleisch in grobe Würfel schneiden.

2 Die Zwiebel schälen und in kleine Würfel schneiden. Ingwer und Knoblauch schälen, fein hacken und mischen. Die Mischung mit einer Gabel oder im Mörser zerdrücken. Die Tomaten waschen, halbieren und die Stielansätze entfernen. Die Hälften in grobe Stücke schneiden.

3 Das Öl in einer Pfanne erhitzen. Die Kreuzkümmelsamen darin kurz braten, bis sie duften. Die Zwiebeln dazugeben und in ca. 5 Min. glasig dünsten.

4 Das Ingwer-Knoblauch-Mus und die Tomaten in die Pfanne geben und bei schwacher Hitze einköcheln lassen. Auberginen, Koriander, Chilipulver sowie etwas Salz hinzufügen und alles ca. 15 Min. köcheln lassen.

5 Für das Linsencurry Ingwer und Knoblauch schälen, fein hacken und mischen. Die Mischung mit einer Gabel oder im Mörser zerdrücken.

6 Das Öl in einer Pfanne erhitzen, die Ingwer-Knoblauch-Paste dazugeben und bei schwacher Hitze ein paar Minuten köcheln lassen. Die Linsen mit Bockshornkleesamen, Kurkuma sowie Koriander hinzufügen und 400 ml heißes Wasser angießen. Das Linsencurry zugedeckt in 12–15 Min. weich garen.

7 Die Limette halbieren und den Saft auspressen. Die Auberginen unter die Linsen rühren und alles mit Salz und Limettensaft abschmecken. Das Linsencurry mit Reis oder Naanbrot (siehe S. 147) servieren.

MINI CABS
rn Eye
HICKEN
URGERS
DONER
8643
MASTER CHEF
STANDARD
BALTI HOUSE
RLD AT YOU
O LIVE
MINI CABS
0207 247 1035
07946 07 37 37
HAIR STYL
OPEN 7 DAYS

TRUMA
PREEM
&
PRITHI
TAJ STO
তাজ স্টোরস
A&Y
OFF
LICENCE
BEER
SPIRITS
WINE
P
SV56 JJZ
GALAXY

3 BRICK LANE

Brick Lane ist international ein Begriff. Weniger wegen der Kulinarik, eher als szeniger Treffpunkt. Warum, das erklärt sich bei einem morgendlichen und spätabendlichen Besuch. Wer Party machen, tanzen, junge hippe Leute aus der ganzen Welt kennenlernen und Musik hören will, die er noch nicht kennt, ist nachts hier richtig.

Vormittags wird noch das Leben der vergangenen Nacht herausgekehrt. Dann trifft man eher auf aufstrebende Fotokünstlerinnen aus Japan oder ein kleines Team aus Tschechien, das als Hintergrund für ein Modeshooting nach besonders kunstvoll vor sich hinbröckelnden Fassaden fahndet. Denn die Kunst, vor allen Dingen die teilweise stockwerkhohen Graffiti, prägen die Optik von Brick Lane. Auch bekannte Bands schätzen Graffiti als visuelle Einlage in ihren Musikvideos. Der Wettbewerb unter den Straßenkünstlern ist vehement und geht durchaus so weit, dass Bilder der Konkurrenten übermalt werden.

ELEGANTE STADTHÄUSER

Wie vergänglich ein Straßenbild sein kann, spürt man in den Straßen rund um die Fournier Street. Hier hatten sich Ende des 17. Jahrhunderts – nach dem Edikt von Nantes – aus Frankreich geflohene Hugenotten niedergelassen. Die eleganten Stadthäuser, die sich die Erfolgreichen unter ihnen bauten, verfielen jedoch im Lauf der Zeit. In den 1980er-Jahren wurde der Charme dieser Häuser wieder entdeckt und man begann mit Restaurierungsarbeiten. Noch heute sind nicht alle dieser Häuser restauriert. Doch während anfangs eher Künstler und andere Freischaffende hier oft über viele Jahre ein Haus in den Originalzustand zurückversetzten, kosten heute selbst halbe Ruinen schon sehr viel Geld.

SCHARFES ESSEN, SCHÖNE LÄDCHEN

Am oberen Ende der Brick Lane, in Richtung Spitalfields, finden sich viele schöne kleine und sehr liebevoll gestaltete Läden – eine Abwechslung zu der von vielen Ladenketten geprägten Innenstadt Londons.

Vor dem Nachtleben steht die Küche. Abends werden die Restaurants, die Mittags selten ausgebucht sind, schnell voll. Sie sind zwar oft nur handtuchschmal, dafür aber mehrere Etagen hoch gebaut und können problemlos Hunderte von Gästen beköstigen. Das Essen hier ist rustikal und macht in gut gelaunter großer Runde am meisten Spaß. Finesse oder wirklich feines Essen sollte man nicht erwarten, und das Essen ist auch längst nicht so billig, wie man denken würde, dafür allerdings viel schärfer als jenseits der Brick Lane. Denn die Köche wissen, das erwarten ihre Gäste, weil sie indisch mit scharf assoziieren oder nach einem ausgiebigen Pubbesuch Appetit auf etwas Herzhaftes haben.

Einige Brick-Lane-Restaurants sind auf S. 42 aufgeführt – mit Webadressen und ohne Telefonnummern, denn an der Verständigung in Englisch hapert es oft. Auf den Webseiten können Sie die Speisekarten einsehen und auch einen Tisch reservieren.

2 Gänge inkl. Getränke: £ 20–25

4 TAJ STORES

Eine landesweite Supermarktkette. Sauber, sehr gut sortiert, freundlicher Service. Hier findet man witzige Mitbringsel wie eine Vorrichtung zum Ausschaben von frischer Kokosnuss oder Plastikförmchen für Samosas. Riesige Gewürzauswahl.

4 Samosaförmchen (auch mit Herz): £ 1,49

DER SOUNDTRACK DER STRASSE

Das East End ist von vielen Einflüssen geprägt, die sich auch in der Musik wiederfinden. Typisch ist der Mix aus Dubstep, Drum' n' Bass, elektronischer Musik, Dancehall, Hip-Hop bis zu klassischer indischer Musik. Falls Ihnen das alles nichts sagt:

Die Musik, die hier entsteht, ist überaus tanzbar, die Texte haben oft einen ernsthaften Hintergrund, das Styling der Videos und der Bandmitglieder ist der jährlich im Februar stattfindenden London Fashion Week abgeguckt (oder andersherum), und die Bandmitglieder sind oft multikulturell. Meine Favoriten: das Musikerkollektiv Rudimental (»Feel the Love«) und die Band Cornershop (»Urban Turban«).

Eine tolle Musikauswahl und fast täglich kostenlose Konzerte bietet der Plattenladen »Rough Trade East« in der Truman Brewery.

TAJ STORES
INTERNATIONAL SUPERMARKET
FRESH FOOD AND PROVISIONS FROM

SEIZE ART FARE
LONDON JUNE 1

VIBE BAR

BOUGHT & SOLD
115-B BRICK LANE

TRUMAN

CAR PARK
TEA•COFFEE • HOT SNACKS
ROLLS

VEGETABLE VINDALOO

SCHARFES GEMÜSE

Der Zusatz »Vindaloo« deutet immer daraufhin, dass ein Gericht scharf ist. In einfacheren Restaurants werden Vindaloos gerne mit roter Lebensmittelfarbe eingefärbt. Das soll heißen: Achtung, jetzt wird's scharf!

Für 4 Personen
3 Kartoffeln
2 Möhren
1 Zwiebel
3 Tomaten
1 Stück Ingwer (ca. 2 cm)
3 EL Öl
1–3 getrocknete Chilischoten
2 EL Kreuzkümmelsamen *(jeera)*
1 EL schwarze Pfefferkörner
1 TL grüne Kardamomkapseln *(elaichi)*
1 Stück Zimtstange (ca. 2 cm; *dalchini*)
1 EL schwarze Senfsamen *(rai;* siehe S. 56)
1 TL Bockshornkleesamen *(methi)*
Salz

Zubereitung ca. 15 Min. | Kochen ca. 20 Min.
Pro Portion ca. 140 kcal

1 Die Kartoffeln und Möhren schälen und in 3–4 cm große Stücke schneiden. Die Zwiebel schälen und in kleine Würfel schneiden. Die Tomaten waschen, halbieren und die Stielansätze entfernen. Die Hälften in grobe Stücke schneiden. Den Ingwer schälen und fein hacken.

2 Das Öl in einer großen Pfanne erhitzen. Die zerkrümel ten Chilischoten und die übrigen Gewürze dazugeben und ca. 1 Min. braten, bis sie duften.

3 Ingwer, Zwiebel, Kartoffeln, Möhren, Tomaten sowie 200 ml heißes Wasser zu den Gewürzen geben. Das Gemüse aufkochen und zugedeckt in 15–20 Min. weich köcheln lassen. Die Sauce sollte sämig, aber nicht trocken sein, deshalb, falls nötig, zwischendurch etwas Wasser angießen.

4 Das Vegetable Vindaloo mit Salz abschmecken und mit Reis oder Naanbrot (siehe S. 147) servieren.

Was ist nun schöner? Moderne Graffiti-Kunst an der Hauswand oder Restaurant-Kunst wie im »Monsoon«?

MIXED VEGETABLES

GEMISCHTES GEMÜSE

Die Gemüsesorten für dieses Gericht können Sie ganz nach Ihren Vorlieben und nach Saison variieren. Kartoffeln und die Würzmischung passen eigentlich zu allen Gemüsen. Die Schärfe können Sie selbst dosieren.

Für 4 Personen
3 Kartoffeln
3 Möhren
½ kleiner Blumenkohl
1 kleiner Wirsing
1 Stück Ingwer (ca. 3 cm)
2 Knoblauchzehen
3 EL Öl
1 EL schwarze Senfsamen *(rai;* siehe Tipp)
200 g TK-Erbsen
½ TL Kurkumapulver *(haldi)*
½ TL Chilipulver *(deggi mirch)*
Salz

Zubereitung ca. 20 Min.
Pro Portion ca. 205 kcal

1 Kartoffeln und Möhren schälen und in 3–4 cm große Würfel schneiden. Den Blumenkohl putzen, waschen und die Röschen vom Strunk schneiden. Den Wirsing putzen und waschen, halbieren und den Strunk entfernen. Die Hälften in feine Streifen schneiden.

2 Ingwer und Knoblauch schälen, fein hacken und mischen. Die Mischung mit einer Gabel oder im Mörser zerdrücken. Das Öl in einer großen Pfanne erhitzen. Die Senfsamen darin kurz erhitzen, bis sie größer werden oder aufplatzen. Das Ingwer-Knoblauch-Mus dazugeben und 1–2 Min. mitgaren.

3 Das vorbereitete Gemüse mit 100 ml heißem Wasser hinzufügen und zugedeckt ca. 10 Min. köcheln lassen, bis es fast gar ist. Die Erbsen dazugeben und ca. 2 Min. mitgaren.

4 Das Kurkumapulver und das Chilipulver zum Gemüse geben und salzen. Die Mixed Vegetables mit Reis oder Naanbrot (siehe S. 147) servieren.

TIPPS

Senfsamen: In Indien werden häufig schwarze und braune Senfsamen verwendet – die schwarzen zum Kochen, die braunen zum Einlegen. Geschmacklich besteht kein nennenswerter Unterschied. Bei uns bekommt man neben den weißen am häufigsten braune Senfsamen, z. B. in Bioläden. Sie können diese einfach anstelle der schwarzen verwenden.

Chilischarf: An der Schärfe indischer Rezepte scheiden sich die Gemüter. Typisch für die scharfe Küche auf der Brick Lane ist die hier angegebene Chilipulver-Dosierung. Wenn Sie es lieber nicht so scharf mögen, beginnen Sie einfach mit 1 Messerspitze und steigern die Menge nach und nach.

5 BRICK LANE MARKET

Sonntags ab ca. 9 Uhr bis nachmittags werden hier Waren aller Art angeboten. Viel Secondhand ist darunter, pfiffige Designermode, aber auch Fahrräder und andere Dinge, deren Preis verrät, dass sie kaum auf legale Weise hierher gelangt sind. Das Stöbern und Handeln macht einfach Spaß, und man kann sich mit Basics von Zahnpasta bis zu Tomaten konkurrenzlos günstig bevorraten.

6 BRICK LANE BOOK SHOP

Schöner kleiner und sehr gut sortierter Laden. Wer wirklich interessante Literatur über London und das East End sucht, ist hier richtig. Der Buchladen bietet Workshops für angehende Autoren an und unterstützt Buchclubs. Auch Lesungen finden statt. An Wochenenden wird es sehr voll und eng, trotzdem hat man das Gefühl, hier in einem kleinen Refugium zu sein.

7 COLUMBIA FLOWER MARKET

Schon seit über 150 Jahren existiert dieser Markt. Sein überwältigendes Angebot ist nicht nur im Sommer eine Inspiration für Gärtner und Blumenfans, auch mitten im Winter werden hier Schnittblumen und Topfpflanzen verkauft. Die Preise sind für Londoner Verhältnisse moderat, die unterhaltsamen Flirtversuche der Cockney-Verkäufer gibt's umsonst.

8 THE GARDEN SHOP

Das können Engländer wie wohl sonst kein Volk: gemütliche, kleine Läden gestalten, die zum Stöbern und Entdecken einladen, alles zu erschwinglichen Preisen und guter, stets freundlicher und überaus höflicher Beratung. Hier gibt es alles vom Gärtnergarn bis zu dekorativen Stickern aus Gusseisen für die Kräuter- und Gemüsebeete sowie eine interessante Auswahl unterschiedlichster Blumen- und Gemüsesamen.

Gusseisenstick: £ 1,45

LÄSSIG, INTERNATIONAL UND LECKER: SO LAUTET DAS ERFOLGSKONZEPT VON CHEFKOCH NAVED NASSIR

9 DISHOOM

»Dishoom« bedeutet gar nichts. »Dishoom« ist Lautmalerei, genau so wie in einer Comic-Sprechblase Geräusche in Schriftsprache sichtbar gemacht werden. Das erste »Dishoom« läutete in Covent Garden vor knapp zwei Jahren einen ganz neuen Trend in der indischen Küche ein: frisch zubereitete Gerichte, die in einem perfekt improvisiert wirkenden Ambiente serviert werden. Diese Idee erwies sich als so erfolgreich, dass sie auf einem riesigen Terrain in einer winzigen Straße, die selbst Londoner Taxifahrer nicht auf Anhieb wissen, auch im East End umgesetzt wurde.

BOMBAYS CAFÉS IM LONDONER EAST END

Naved Nasir (32) kommt aus Bombay. Er kennt sie noch, die klassischen Cafés seiner Heimatstadt, die dort auch immer mehr den Fastfood-Ketten weichen. Sie wurden einst von persischen Einwanderern gegründet und waren und sind »demokratisch«, erklärt der sympathische Chefkoch. »Jeder kann kommen, ob Verliebte, Hungrige, Rikschafahrer, Geschäftsleute.«

In Bombay sind solche Cafés vom Morgen bis zum späten Abend geöffnet; auch deren Öffnungszeiten hat das »Dishoom« aufgegriffen, und eine entsprechend bunte Mischung an Gästen zu verzeichnen.

Ebenso einzigartig wie der Gäste-Mix ist die Optik solcher Cafés, die im »Dishoom« wieder aufgegriffen wurde. Altmodische Ventilatoren summen leise, vergilbte Fotos an den Wänden zeigen Familienmitglieder früherer Generationen, das Mobiliar wirkt, als käme es vom Trödler. Dieser Einrichtungsstil heißt *jugaar* – zusammmengewürfelt – und die Mischung aus Tischchen, Bugholzstühlen à la Thonet und gemütlichen Ledercouchnischen, wie man sie aus amerikanischen Diners kennt, ist sehr geschickt gemacht.

WOHNZIMMER MEETS INDUSTRIEARCHITEKTUR

Durchsetzt ist die gemütliche Wohnzimmeroptik mit Industriearchitektur, freigelegten Blechrohren, unverputzten Wänden, Geländern aus gebürstetem Eisen. Trotzdem gelingt es dem »Dishoom« auf gleich zwei Etagen, eine sehr nette und entspannte Stimmung zu erzeugen.

Das liegt vielleicht auch an der Bar – über 50 Cocktails, Champagner und natürlich Chai bietet sie an – und auf jeden Fall am reizenden internationalen Personal. Nicht zu vergessen die Speisekarte mit vielen leckeren Angeboten, zum Teil sind es typisch indische, zum Teil internationale Gerichte.

Vada Pau, Pau Bhaji oder Bhel: je £ 3,90

Ein Künstler in der Küche des »Dishoom« bei der Herstellung von Roomali. Das Brot ist hauchdünn und wird nach dem Backen wie ein Taschentuch gefaltet. Der Name *roomali roti* heißt übersetzt auch Taschentuch-Brot.

DISHOOM'S BHEL PURI

KNACKIGER SALAT

Für 4 Personen
1 Granatapfel
1 Tomate
1 kleine Zwiebel
1 Stück Ingwer (ca. 2 cm)
1 Bund Koriander
½ grüne Chilischote
½ Limette
20 g Puffreis (aus dem Indienmarkt oder Internet)
100 g Bombay Mix (Snack zum Knabbern)
25 g Nylon-sev-Nudeln (feine Nudeln aus Kichererbsenmehl)
1 EL Grünes Chutney (siehe S. 77)
1–1 ½ TL Tamarinden-Chutney (siehe S. 30)
Salz

Zubereitung ca. 30 Min.
Pro Portion ca. 225 kcal

1 Den Granatapfel ringsherum einschneiden, auseinanderbrechen und die Kerne mit einem Löffel auslösen (dabei evtl. Einmalhandschuhe tragen, da die Kerne färben). 1–2 EL Kerne beiseitelegen, die restlichen in eine Schüssel geben.

2 Die Tomate waschen, halbieren und die Stielansätze entfernen. Die Hälften fein hacken. Die Zwiebel schälen und in kleine Würfel schneiden. Den Ingwer schälen und fein hacken. Den Koriander abbrausen und trocken schütteln, die Blätter abzupfen und fein hacken. Die Chilischote putzen, dabei nach Belieben die scharfen Kerne entfernen, waschen und fein hacken. Den Saft der Limette auspressen.

3 Alle vorbereiteten Zutaten mit Puffreis, Bombay-Mix, Nudeln und Chutney mischen. Mit Limettensaft und Salz abschmecken. Den Salat mit den restlichen Granatapfelkernen garnieren und sofort servieren.

DISHOOM'S VADA PAU

INDISCHER BURGER MIT KARTOFFELBÄLLCHEN

Dieser vegetarische Burger (auch Vada pav *genannt) gehört zu den beliebtesten Straßensnacks Indiens und ist so billig, dass ihn sich auch die Ärmsten leisten können. Erfunden hat ihn angeblich ein Straßenhändler vor dem Bahnhof von Mumbai.*

Für 4 Personen

FÜR DIE KARTOFFELBÄLLCHEN:
500 g Kartoffeln
Salz
1 Bund Koriander
1 grüne Chilischote
1 Stück Ingwer (ca. 1 cm)
1 kleine Knoblauchzehe
2 EL Öl
1 TL schwarze Senfsamen *(rai;* siehe Tipp S. 56)
5 getrocknete Curryblätter *(kari patta)*
Kurkumapulver *(haldi)*
gemahlener Koriander *(dhania)*
Chat masala

FÜR DEN TEIG:
1 Stück Ingwer (ca. 1 cm)
100 g Kichererbsenmehl *(gram)*
1 TL Backpulver
Chilipulver *(deggi mirch)*
Kurkumapulver *(haldi)*
Salz

AUSSERDEM:
4 EL Öl zum Ausbacken
4 Hamburger-Brötchen
ca. 4 EL Chutney (nach Geschmack)

Zubereitung ca. 1 Std. 10 Min.
Pro Portion ca. 320 kcal

1 Für die Kartoffelbällchen die Kartoffeln schälen, waschen, in 1 cm große Würfel schneiden und in Salzwasser in ca. 8 Min. weich kochen. Abgießen, kurz ausdampfen lassen und mit dem Kartoffelstampfer oder einer Gabel zerdrücken.

2 Den Koriander abbrausen und trocken schütteln, die Blätter abzupfen und fein hacken. Die Chilischote putzen, dabei nach Belieben die scharfen Kerne entfernen, waschen, fein hacken und mit dem Koriander unter die Kartoffeln mischen.

3 Ingwer und Knoblauch schälen, fein hacken und mischen. Die Mischung mit einer Gabel oder im Mörser zerdrücken.

4 Das Öl in einer Pfanne erhitzen. Senfsamen und Curryblätter darin kurz braten, bis die Senfkörner größer werden oder aufplatzen. Das Ingwer-Knoblauch-Mus und je 1 Prise der restlichen Gewürze unterrühren. 2 EL heißes Wasser angießen und ca. 1 Min. köcheln lassen. Die Gewürzmischung mit etwas Salz unter die Kartoffelmasse heben. Die Kartoffelmasse mit angefeuchteten Händen zu vier Bällchen formen.

5 Für den Teig den Ingwer schälen und fein reiben. Ingwer, Mehl, Backpulver, je 1 Prise Chili- und Kurkumapulver sowie etwas Salz mit 100 ml warmem Wasser zu einem nicht zu flüssigen Teig verrühren. Die Kartoffelbällchen im Teig wenden. Das Öl in einer Pfanne erhitzen. Die Bällchen bei starker Hitze in ca. 5 Min. rundherum knusprig braten.

6 Die Brötchen toasten oder im Ofen erhitzen und quer halbieren. Die Hälften mit Chutney bestreichen, mit den Kartoffelbällchen belegen und zusammensetzen. Sofort servieren.

DISHOOM'S PAU BHAJI

GEMÜSEPÜREE IM BRÖTCHEN

Dieser aromatische Gemüsemix wird mit oder in knusprig getoasteten Brötchen (pau *oder* pav) *serviert. Pau Bhaji gehört ähnlich wie Vada pau zu den Lieblingssnacks der Inder. Er schmeckt würzig, macht satt, kostet wenig und ist zudem vegetarisch.*

Für 4 Personen
1 Kartoffel
2 Tomaten
½ Paprikaschote
¼ Blumenkohl
1 Möhre
100 g grüne Bohnen
1 weiße Zwiebel
50 ml Öl
1 TL Chilipulver *(deggi mirch)*
½ TL Kurkumapulver *(haldi)*
2 TL Garam Masala
100 g TK-Erbsen
Salz
2 EL Butter
4 Hamburger-Brötchen
AUSSERDEM:
1 kleines Bund Koriander
1 Limette

Zubereitung ca. 40 Min.
Pro Portion ca. 295 kcal

1 Die Kartoffel schälen, waschen und in kleine Würfel schneiden. Die Tomaten waschen, halbieren und die Stielansätze entfernen. Die Hälften klein hacken. Die Paprikaschote putzen, waschen und in kleine Würfel schneiden. Den Blumenkohl putzen, waschen und die Röschen vom Strunk schneiden. Die Möhre schälen und in kleine Würfel schneiden. Die Bohnen waschen, putzen und halbieren. Die Zwiebel schälen und in kleine Würfel schneiden.

2 Das Öl in einer großen Pfanne erhitzen. Die Zwiebel darin ca. 5 Min. goldbraun braten. Die Gewürze dazugeben und kurz erhitzen, bis sie duften. 2 EL warmes Wasser hinzufügen und 1 Min. köcheln lassen.

3 Die vorbereiteten Gemüse mit den Erbsen in die Pfanne geben und salzen. ¼ l heißes Wasser dazugießen, aufkochen und das Gemüse zugedeckt in ca. 15 Min. weich garen. Überschüssiges Wasser abgießen.

4 Den Koriander waschen, trocken schütteln und die Blätter abzupfen. Die Limette heiß waschen und längs vierteln.

5 Die Butter zum Gemüse geben und alles mit dem Kartoffelstampfer oder einer Gabel zerdrücken. Die Brötchen toasten, halbieren und mit dem Püree servieren. Alternativ das Püree auf den Brötchenunterseiten verteilen, mit Korianderblättern bestreuen und die oberen Hälften darauflegen. Sofort servieren.

Street Art: Kundige und unterhaltsame Führungen rund um die aktuelle Kunst im East End bietet »Street Art London«.
www.streetartlondon.co.uk
Führung (4 Std.): £ 12

ORSH:
PREEM
RESTAURANT & BALTI
PREEM PRITHI LUNCH SPECIAL
£6.95
INDEPENDENT
THE HEAT IS ON

⑩ SPITALFIELDS MARKET

Dieser wunderschöne Markt hat seinen Namen vom Kloster und Krankenhaus St. Spittel, das im Mittelalter (1197) gegründet wurde. Seit 1666 wird hier ein Markt abgehalten – der älteste Markt Londons. Heute sind allerdings nicht mehr kiloweise Obst und Gemüse im Angebot, sondern es mischen sich ungewöhnliche Mode mit moderner Kunst und Restaurants.

Wer auf Rockabilly steht, könnte hier fündig werden. Wer Unikate sucht, ebenfalls. Die Qualität ist gemessen am erschwinglichen Preis recht ordentlich. Die architektonische Umsetzung des modernen Spitalfields Market ist wirklich gelungen und wurde auch ausgezeichnet. Man hat das Gefühl auf einer Piazza zu spazieren, anstatt in einer Shopping Mall gefangen zu sein. Schön bei Regen: Der Markt ist überdacht und es gibt viele Koch-Events.

Außergewöhnliche Taschen: ca. £ 35

COCKNEY RHYMING SLANG

Cockney-Dialekt klingt so nett und lässig, dass ihn auch gerne Leute sprechen, die nicht aus der Arbeiterschicht des East End kommen – so was heißt dann Mockney und ist z. B. typisch für Mick Jagger. Was den Dialekt so besonders macht, sind die erfundenen Begriffe, die sich reimen.*Apples and pears* (Äpfel und Birnen) reimt sich auf *stairs*, das ist die Treppe, also sagt man: »*I am going up the apples and pears*« oder kurz »*I am going up the apples*«. Wenn eine Frau hübsche Beine hat, dann hat sie a »*lovely set of bacons*«. Das kommt von *bacon and eggs* (Speck mit Rühreiern) und reimt sich auf *legs*, die Beine. Wenn man sich irgendwo umschauen will, heißt das: »*I am taking a butcher's.*« Der Reim dazu: *butcher's hook*, der Fleischerhaken, reimt sich auf *look*, also sich mal umschauen.

Dieser Slang, der seine Ursprünge wohl in einer Geheimsprache für die Polizei hatte, entwickelt sich auch weiter. Ein indisches Curry heißt auf Cockney Rhyming Slang *ruby murray*, reimt sich also auf Curry und wird abgekürzt zu *ruby*. Und wer seinen Verstand nicht gebraucht, wird ermahnt mit: »*Use your loaf!*« Denn der *loaf of bread*, das Kastenbrot also, reimt sich auf *head*.

11 CAFÉ SPICE NAMASTE

Hier kocht der Godfather der neuen indischen Küche, der Erfinder, der Geburtshelfer. Cyrus Todiwala bekam für seine Verdienste um die indische Küche und den kulinarischen Nachwuchs sogar einen königlichen Orden. Das Londoner Stadtmagazin »Time Out« sagt über ihn:

»Wenn es einen Gott gibt, kocht in der himmlischen Kantine Cyrus Todiwala.« Das ist zwar nicht verifizierbar, aber immerhin ist sein zweites Restaurant am Flughafen Heathrow schon mal ein Schritt in die richtige Richtung.

Das »Café Spice Namaste« (Betonung auf der dritten Silbe) liegt neben einem ehrwürdigen englischen Pub. Es ist hell, leuchtet farbenfroh, ist mit indischen Stoffen dekoriert, hat gemütliche Stühle und strahlt so viel Charme aus, dass es tatsächlich an ein Café erinnert. Doch das Café Spice Namaste ist eines der besten indischen Restaurants der Stadt, empfohlen auch vom Guide Michelin.

Cyrus Todiwala ist in einem »kulinarisch sehr toleranten Umfeld« aufgewachsen, wie er selber sagt. Er stammt aus Bombay, kocht aber viel aus der Parsi-Küche, wo man sich wirklich aufs Schlemmen versteht und bei Banketten und Platten zu echter Hochform aufläuft.

Der Sprung nach Europa gelang Cyrus Todiwala, der ursprünglich überhaupt nicht Koch werden wollte, wie vielen anderen indischen Ausnahmeköchen in London über eine Hotelgruppe (Taj Group).

HAUSGEMACHTE CHUTNEYS ZUM MITNEHMEN

Chutneys macht Cyrus Todiwala in seiner Mikroküche selbst und verkauft sie auch zum Mitnehmen. Er bereitet sie aus allem zu, was die Jahreszeiten zwischen Aubergine, Mango und Tamarinde bieten. Alles nicht zu scharf gewürzt, aber sehr aromatisch.

Auch alle anderen Gerichte werden frisch zubereitet. Clever ist Todiwalas leichte indische Küche, die Cremesaucen und Ghee nur sparsam einsetzt. Eine weitere Besonderheit: Im »Namaste« stehen sogar Wild und Wildgeflügel auf der Speisekarte. Unbedingt probieren!

Vorspeisenplatte für 2–3 Personen: ca. £ 16,50
Chutneys zum Mitnehmen: ca. £ 4

CYRUS TODIWALA'S DUCK TIKKA

GEGRILLTES ENTENFLEISCH

Unter Tikka versteht man grob gewürfeltes, gegrilltes Fleisch in einer herzhaften mittelscharfen Sauce. Die Zubereitung und die Grundaromen für eine Tikka-Sauce sind immer gleich: Ingwer, Knoblauch, Chili und Kurkuma, meist auch Garam Masala.

Für 4 Personen
800 g Entenbrust
1 Limette
1 TL Kurkumapulver *(haldi)*
Salz
1 Stück Ingwer (ca. 4 cm)
2 kleine Knoblauchzehen
1 kleine Zwiebel
1 rote Chilischote
1 EL gemahlener Kreuzkümmel *(jeera)*
1 EL gemahlener Koriander *(dhania)*
1 TL Garam Masala
schwarzer oder weißer Pfeffer
3 EL Tomatenmark
200 g Sahnejoghurt (10 % Fett)
2 EL Öl

Zubereitung ca. 30 Min. | Marinieren ca. 13 Std.
Pro Portion ca. 450 kcal

1 Am Vortag die Entenbrust kalt abbrausen und trocken tupfen. Die Fettschicht am Rand abschneiden. Das Fleisch in daumendicke Würfel schneiden und in eine Schüssel geben.

2 Die Limette halbieren und den Saft von einer Hälfte mit ½ TL Kurkumapulver in ein Schälchen geben. Die Marinade salzen und mit dem Fleisch mischen. Das Fleisch zugedeckt mindestens 1 Std. im Kühlschrank marinieren.

3 Ingwer, Knoblauch und Zwiebel schälen und in Würfel schneiden. Die Chilischote putzen (dabei nach Belieben die scharfen Kerne entfernen), waschen und grob hacken. Alles mit dem Stabmixer oder im Küchenmixer fein pürieren. Das Püree mit dem restlichen Kurkumapulver, den übrigen Gewürzen sowie Tomatenmark und Joghurt mischen.

4 Die Gewürzmarinade mit dem Fleisch mischen und zugedeckt über Nacht kühl stellen.

5 Am nächsten Tag den Backofengrill (oder den Backofen) auf höchster Stufe vorheizen. Das Öl in einer ofenfesten Grillpfanne auf dem Herd erhitzen. Die Fleischstücke aus der Marinade heben (nicht abtropfen lassen), in die Pfanne geben und unter dem Grill (oben) in ca. 8 Min. garen, dabei zwischendurch wenden.

6 Den Saft der übrigen Limettenhälfte auspressen und das Duck Tikka damit beträufeln. Mit grünem Chutney (siehe S. 77), Reis oder Naanbrot (siehe S. 147) servieren.

CYRUS TODIWALA'S VENISON TIKKA

WILDFLEISCH VOM GRILL

Jedes Land hat seine eigenen Gewürzkombinationen für die Wildküche. In der indischen Küche verwendet man klassischerweise Ingwer und Anis- oder Fenchelsamen, wie auch bei diesem Tikka, das Cyrus Todiwala schon seit Langem auf der Karte hat.

Für 4 Personen
700 g Wildfleischfilet (z. B. Hirschrückenfilet, Rehrückenfilet, Wildschweinfilet)
1 Limette
1 TL Kurkumapulver *(haldi)*
Salz
1 Stück Ingwer (ca. 4 cm)
2 kleine Knoblauchzehen
1 kleine Zwiebel
1 rote Chilischote
1 EL gemahlener Kreuzkümmel *(jeera)*
1 EL gemahlener Koriander *(dhania)*
1 TL Garam Masala
1 TL Fenchelpulver *(saunf)*
½ TL gemahlener Anis *(choti saunf)*
schwarzer oder weißer Pfeffer
200 g Sahnejoghurt (10 % Fett)
2 EL Öl

Zubereitung ca. 30 Min. | Marinieren ca. 13 Std.
Pro Portion ca. 330 kcal

1 Am Vortag das Wildfleisch trocken tupfen, in daumendicke Würfel schneiden und in eine Schüssel geben.

2 Die Limette halbieren und den Saft von einer Hälfte mit ½ TL Kurkumapulver in ein Schälchen geben. Die Marinade salzen und mit dem Fleisch mischen. Das Fleisch zugedeckt mindestens 1 Std. im Kühlschrank marinieren.

3 Ingwer, Knoblauch und Zwiebel schälen und in Würfel schneiden. Die Chilischote putzen, dabei nach Belieben die scharfen Kerne entfernen, waschen und grob hacken. Alles mit dem Stabmixer oder im Küchenmixer fein pürieren. Das Püree mit dem restlichen Kurkumapulver, den übrigen Gewürzen sowie dem Joghurt mischen.

4 Die Gewürzmarinade mit dem Fleisch mischen und zugedeckt über Nacht kühl stellen.

5 Am nächsten Tag den Backofengrill (oder den Backofen) auf höchster Stufe vorheizen. Das Öl in einer ofenfesten Grillpfanne erhitzen. Die Fleischstücke aus der Marinade heben (nicht abtropfen lassen), in die Pfanne geben und unter dem Grill (oben) in ca. 8 Min. garen, dabei zwischendurch wenden.

6 Den Saft der restlichen Limettenhälfte auspressen, das Venison Tikka damit beträufeln, mit grünem Chutney (siehe S. 77), Reis oder Naanbrot (siehe S. 147) servieren.

MINT AND CILANTRO GREEN CHUTNEY

GRÜNES CHUTNEY

Dieser Allrounder schmeckt zu Fleisch-, aber auch zu Gemüsegerichten. Green Chutney ist ein prima Dip für Samosas und andere Teigtaschen, ein interessanter Sandwich-Aufstrich, wenn's mal exotischer sein soll, und passt auch als Marinade. Die Minze gibt ihm eine frische Note.

Für 4 Personen
2–4 grüne Chilischoten
1 Stück Ingwer (ca. 1 cm)
1 EL Öl
2 Bund Minze
4 Stängel Koriander
80 g Sahnejoghurt (10 % Fett)
Salz

Zubereitung ca. 8 Min.
Pro Portion ca. 55 kcal

1 Die Chilischoten putzen, dabei nach Belieben die scharfen Kerne entfernen. Die Schoten waschen und fein hacken. Den Ingwer schälen und ebenfalls fein hacken.

2 Das Öl in einer Pfanne erhitzen. Die Chili darin kurz anbraten. Den Ingwer dazugeben und kurz mitbraten.

3 Die Minze und den Koriander abbrausen und trocken schütteln, die Blätter abzupfen und sehr fein hacken.

4 Die Kräuter mit der Chili-Ingwer-Mischung und dem Joghurt in einen hohen Becher geben und mit dem Stabmixer fein pürieren oder im Küchenmixer zerkleinern. Das Chutney mit Salz abschmecken und möglichst bald servieren oder im Kühlschrank aufbewahren (die Oberfläche mit Frischhaltefolie abdecken, damit sie nicht dunkel wird).

KURKUMA

Cyrus Todiwala: »Kurkuma wird in der indischen Küche weniger als Aroma, sondern eher als natürliches Antiseptikum eingesetzt. Mariniert man Lebensmittel vor dem Kochen längere Zeit in Kurkumapulver, sind die meisten Bakterien verschwunden. Die Hitze beim Kochen tut dann ein Übriges.«

Le MERIDIEN
Le MERIDIEN
PICCADILLY
TELEPHONE
22
14
TROCADERO
LL59 VMV
KN57 UMW

KNIGHTSBRIDGE UND MAYFAIR

Stars, Sterne und die Queen

Wenn ich einmal reich wär ... Dann, aber auch nur dann, könnte man sich ein Pied-a-terre, einen Zweitwohnsitz, in Knightsbridge oder Mayfair leisten. Diese Ecke ist das vielleicht schönste und mit Sicherheit kostspieligste Pflaster in der Millionenstadt London. Auch im internationalen Vergleich liegt sie an der Spitze. Kein Wunder, dass sich hier ausschließlich hochpreisige Restaurants finden, die die entsprechenden Mieten zahlen können. In diesem exklusiven Umfeld sind auch die besten indischen Restaurants der Welt angesiedelt.

REICH UND BERÜHMT

Die Reichen, Berühmten und Glamourösen der Welt haben in Knightsbridge oder Mayfair ein Domizil. Der Hyde Park, hervorragende Museen, Harrods und 26 (!) vom Michelin mit Sternen ausgezeichnete Restaurants sind einige Gründe dafür. Die Exklusivität auch: Man bleibt unter sich, und der Buckingham Palace steht standesgemäß mittendrin.

Glücklicherweise wirkt dieses Gesamtpaket auf den Besucher nicht befremdlich. Selbst dann nicht, wenn man sich kein Apartment für 1 Million Pfund leisten kann, geschweige denn einem Prinzen aus Qatar nacheifern will und für 130 Millionen Pfund das teuerste Apartment der Welt kauft. Man findet nur wenig offen zur Schau getragene Bling-Bling-Kultur. Reichtum heißt hier britisches Understatement und zeigt sich auch in der klassizistischen Architektur, diesem auf der ganzen Welt als typisch englisch empfundenen Baustil – entweder in Schneeweiß oder mit Backsteinfassade.

STARS UND »IHRE« RESTAURANTS

Knightsbridge und Mayfair zu durchstromern und zu entdecken macht nämlich wirklich Spaß. Sicherlich wird man den einen oder anderen VIP entdecken, oft in Restaurants. Auch da können die indischen Restaurants, die ich Ihnen in diesem Kapitel vorstellen möchten, mühelos mithalten. Tom Cruise geht bei jedem London-Aufenthalt ins Restaurant »Tamarind« und trifft da vielleicht auf Mick Jagger. David Cameron besucht sehr gerne das »Veeraswamy« und im »Amaya« speisen so viele Prominente, dass sich das Management standhaft weigert, darüber überhaupt Auskunft zu erteilen.

MUSIK UND KUNST

Auch wenn Sie sich für Kunst und Geschichte interessieren oder Popmusik lieben, bietet dieses Viertel viele reizvolle Entdeckungen. Der Wohnsitz von Jimi Hendrix in den Swinging Sixties lag direkt neben dem handtuchschmalen Haus, in dem knapp 250 Jahre vor ihm Georg Friedrich Händel lebte. An beiden Häusern hängen die berühmten blauen Gedenkplaketten; man kann sie also nicht verfehlen.

Moderne Kunst ist in London ein sehr wichtiger Geschäftszweig. Alle berühmten Galerien der Welt haben hier entweder ihr Stammhaus oder eine Zweigstelle, und rund um Piccadilly sind die edelsten unter ihnen. Der Eintritt ist, wie in vielen Museen der Stadt, kostenlos. Man darf gerne herumstöbern und sich mit dem kundigen Verkaufspersonal unterhalten, ohne etwas zu kaufen.

INDISCHE KÜCHEN AUF HÖCHSTEM NIVEAU

Die hohe Qualität der indischen Küche zieht in Knightsbridge und Mayfair jedoch nicht nur den Jetset an, sondern auch Food-Kenner, Geschäftsleute und ganz normale Menschen, die auf ein feines Essen sparen müssen. Durchwandern Sie diese Viertel mit ihren beeindruckenden Museen, machen Sie Rast in den wunderschönen Parks – Kensington Gardens, Hyde Park, Green Park, St. James's Park. Die indische Küche begleitet Sie hier den ganzen Tag, vom Brunch oder den nicht so kostspieligen Mittagstisch über den Afternoon Tea auf indische Art bis zum abendlichen Dinner.

KNIGHTSBRIDGE IM ÜBERBLICK

Dieses Kapitel streift alle Sehenwürdigkeiten, die man sofort mit London verbindet: Hyde Park, Kensington Park, Kensington Palace, die beeindruckenden Museen, den Buckingham Palace (der gehört eigentlich zur City of Westminster). Unser Spaziergang führt entlang eleganter, stets makellos weiß gestrichener oder aus gepflegtem Backstein gebauter Stadthäuser. Auch die Superkaufhäuser Harrods und Harvey Nichols liegen in diesem exklusiven Viertel. So edel und kostspielig wie das Umfeld sind auch die dort ansässigen indischen Restaurants.

Von der räumlichen Ausdehnung her könnten Sie in Knightsbridge und dem sich anschließenden Edel-Viertel Mayfair (siehe nächste Doppelseite) gut und gerne mehrere Tage verbringen. Es ist alles so weitläufig, dass es uns nicht möglich war, beide Viertel zusammen auf einer Übersichtskarte darzustellen, ohne die dann notwendige Lupe mitzuliefern.

1 ZAIKA
Feines Restaurant in denkmalgeschütztem Gebäude
1 Kensington High Street
Tel.: 0044 20 7795 6533
www.zaika-restaurant.co.uk
Tube: Kensington High Street

2 SERPENTINE GALLERY
Zeitgenössische Kunst mitten in den Kensington Gardens
Tel.: 0044 20 7402 6075
www.serpentinegallery.org
Tube: Kensington High Street

3 NATURAL HISTORY MUSEUM
Eines der größten Naturkundemuseen der Welt
Cromwell Road
www.nhm.ac.uk
Tube: Kensington

4 VICTORIA AND ALBERT MUSEUM
Unglaublich vielseitiges Design- und Kunstmuseum
Cromwell Road
Tel.: 0044 20 7942 2000
www.royalalberthall.com
Tube: South Kensington

5 ROYAL ALBERT HALL
Eines der berühmtesten Konzerthäuser der Welt
Kensington Gore
Tel.: 0044 20 7589 8212
www.royalalberthall.com
Tube: High Street Kensington oder South Kensington

6 HARRODS

»All things for all people everywhere«
87–135 Brompton Road
Tel.: 0044 20 7730 1234
www.harrods.com
Tube: Knightsbridge

7 HARVEY NICHOLS

Das kleinere Pendant zu Harrods
109–125 Knightsbridge
Tel.: 0044 20 7235 5000
www.harveynichols.com
Tube: Knightsbridge

WO Zwischen Kensington Gardens, Hyde Park, Buckingham Palace, Green Park, St. James's Park, Regent Street, Oxford Street

WIE Mit der Tube. Haltestellen: Knightsbridge, Hyde Park Corner, Green Park, Bond Street, Marble Arch, Oxford Circus

WANN Am frühen Morgen in den Parks, nach der Rush Hour zwischen 10 und 17.30 Uhr sowie von 18.30 bis 23 Uhr.

WIESO Klassizistische Architektur, Parks, Museen, Shopping

WISSENSWERT Lunchmenüs und die sogenannten *pre-theatre menus* sind oft fast um die Hälfte billiger als ein abendliches À-la-carte-Essen.

MAYFAIR IM ÜBERBLICK

In der englischen Version des Brettspiels Monopoly könnte man Mayfair am ehesten mit der Schlossallee assoziieren. Hier residieren Scheichs in Penthäusern, und es hat keinen Beigeschmack, in einem Wohnblock zu wohnen: Etagen in solchen *mansion blocks* kosten mehrere Millionen Pfund. Den Filmemacher und Autor Jon Ronson (»Männer, die auf Ziegen starren«), dessen Großeltern in einer solchen Wohnung residierten, erinnern diese Etagenwohnungen an »hochherrschaftliche Zimmerfluchten auf einem gigantischen Kreuzfahrtschiff«.

Doch auch die Speaker's Corner, in der jeder seine Meinung kundtun darf, ohne festgenommen zu werden, befindet sich in Mayfair. Außerdem stehen hier zwei berührende Denkmäler, die an den Zweiten Weltkrieg erinnern – an Raoul Wallenberg, der wie Oscar Schindler viele Juden vor dem sicheren Tod rettete, und an eine Fliegerstaffel.

8 CHURCHILL WAR ROOMS

Eine Zeitreise in den Zweiten Weltkrieg. Hier lebte, tagte und plante das Kriegskabinett unter Leitung von Winston Churchill. Beeindruckend: die winzigen Räume und das Fehlen jeglicher Privatsphäre. Ein historischer Ort, in dem die Zeit ganz bewusst angehalten wurde.
Wunderbarer Museumsshop mit viel Retro-Objekten
Eintritt: £ 17 (bis 16 Jahre frei)
Tel.: 0044 20 7930 6961
www.iwm.org.uk/visits/churchill-war-rooms
Tube: Westminster

9 BUCKINGHAM PALACE

Besonders beeindruckend ist ein nächtlicher Blick auf den Wohnsitz der Queen.
Eintritt: ca. £ 19
Tel.: 0044 20 7766 7300
www.royal.gov.uk/theroyalresidences/buckingham-palace/buckinghampalace.aspx
Tube: Green Park oder Hyde Park Corner

10 QUILON

Das erlesenste unter Londons indischen Restaurants
41 Buckingham Gate
Tel.: 0044 20 7821 1899
www.quilon.co.uk
Tube: Green Park oder Hyde Park Corner

11 FORTNUM & MASON

Genussparadies auf mehreren Etagen
181 Piccadilly
Tel.: 0044 845 300 1707
www.fortnumandmason.com
Tube: Green Park oder Piccadilly

12 CHOR BIZARRE

Hier gibt es die feinsten Rezepte aus den 26 indischen Küchenregionen zwischen Kaschmir und Kerala.
16 Albemarle Street
Tel.: 0044 20 7629 9802
www.chorbizarrerestaurant.com
Tube: Green Park

13 TAMARIND

»Wie bei guten Freunden und einer guten Köchin zu Hause« soll es schmecken.
20 Queen Street
Tel.: 0044 20 7629 3561
www.tamarindrestaurant.com
Tube: Green Park

14 BENARES

Chefkoch Atul Kochhar erkochte den ersten indischen Michelin-Stern Londons.
12a Berkeley Square
Tel.: 0044 20 7629 8886
www.benaresrestaurant.com
Tube: Green Park oder Bond Street

OXFORD CIRCUS
BOND STREET
BROOK ST
NOEL ST
WARDOUR ST
SHAFTESBURY AVE
GROSVENOR ST.
OLD BOND ST
BRUTON ST
Mayfair
LEICESTER SQUARE
PICCADILLY CIRCUS
Berkeley Square
PICCADILLY
REGENT ST
HAYMARKET
FORTNUM & MASON
GREEN PARK
ST JAMES'S ST
PALL MALL
CHARING CROSS
PARK LANE
CURZON ST
Horse Guards Parade
The Mall
MARLBOROUGH RD
Green Park
HYDE PARK CORNER
Churchill War Rooms
St James Park
Buckingham Palace
TOTHILL ST
elgrave Square Garden
Westminster
ST JAMES'S PARK
13
14
12
11
8
9
10

Kensington Palace

❶ ZAIKA

In Sichtweite des Kensington Palace liegt ein indisches Restaurant mit dem vielleicht schönsten Gastraum der Stadt. Einstmals residierte hier eine Bank. Viele Details, wie die prächtigen, aus Stein gehauenen Schalter und die geschmackvolle geschnitzte Holzdecke, stehen unter Denkmalschutz. Mitten im Restaurant steht auf einem Podest eine Bar. Hier wartet man stilvoll auf seinen Tisch. Chefkoch Navin Prasad kocht sehr gelungen und fein. Sein Anliegen: »Ich möchte klassische indische Gerichte kochen und sie modern anrichten.« Jenseits von Curry und Kreuzkümmel interessieren ihn dabei auch klassische ländliche Würzzutaten wie Alpenbärlapp oder die getrockneten Blüten des Kapokbaums. Da die Küche ausschließlich Fleisch aus Halal-Schlachtung (siehe auch »Halal«,S. 181) verwendet, kommen auch viele Gäste aus Vorder- und Mittelasien.

Hauptgerichte £ 14–38

Lunch-Menü mit zwei Gängen und Weinbegleitung um £ 32.

ZAIKA'S CHICKEN CURRY

HÄHNCHENCURRY MIT SENFSAMEN

Für 4 Personen
3 EL Öl
1 EL schwarze Senfsamen *(rai;* siehe Tipp S. 56)
6 Sternanis *(badian kathai)*
5 getrocknete Chilischoten
½ Bund frische Curryblätter (oder 2 EL getrocknete Curryblätter; *kari patta)*
1 Zwiebel | 1 TL Kurkumapulver *(haldi)*
1 EL Chilipulver *(deggi mirch)*
1 EL gemahlener Koriander *(dhania)*
3 Tomaten
1 kg Hähnchenschenkel (oder -filets; ohne Haut)
200 ml Kokosmilch

Zubereitung ca. 35 Min.
Pro Portion ca. 310 kcal

1 Das Öl in einer großen Pfanne erhitzen. Senfsamen, Sternanis und Chilischoten darin kurz erhitzen, bis die Senfsamen größer werden oder aufplatzen. Die frischen Curryblätter waschen und trocken schütteln, von den Stängeln zupfen und die Hälfte davon in die Pfanne geben. Alternativ alle getrockneten Curryblätter hinzufügen.

2 Zwiebel schälen und in kleine Würfel schneiden. Mit Kurkuma, Chilipulver und Koriander in die Pfanne geben und in 2–3 Min. glasig dünsten, dabei etwas Wasser angießen.

3 Die Tomaten waschen, halbieren und die Stielansätze entfernen. Dann in große Stücke schneiden, in die Pfanne geben und köcheln lassen, bis sie zerfallen.

4 Hähnchenschenkel abbrausen und trocken tupfen. Fleisch von den Knochen und in Stücke schneiden. Mit den Tomaten ca. 10 Min. köcheln. Kokosmilch dazugeben und das Fleisch in ca. 5 Min. gar köcheln. Mit übrigen Curryblättern bestreuen.

ZAIKA'S ROASTED COD

AUF DER HAUT GEBACKENER KABELJAU

Die Küchentechnik für diese Kabeljau-Vorspeise ist nur bedingt indisch, und auch die Größe der Portionen erinnert eher an die französische Sterneküche. Doch die Aromen sind unverkennbar indisch.

Für 4 Personen

FÜR DIE GEWÜRZPASTE:
2 getrocknete rote Chilischoten
1 EL Koriandersamen *(dhania)*
1 TL Kreuzkümmelsamen *(jeera)*
2 Gewürznelken *(laung)*
1 Stück Zimtstange (*dalchini*; ca. 2–3 cm)
2 Lorbeerblätter *(tej patta)*
2 EL Öl
2 Tomaten

FÜR DEN FISCH:
400 g Kabeljaufilet (mit Haut)
1 Limette
½ TL Kurkumapulver *(haldi)*
Salz
1 EL Öl

AUSSERDEM:
4 kleine rundliche Auberginen
2 Trüffelkartoffeln (z. B. Blauer Heinrich)
1 EL Öl
Kresse zum Garnieren

Zubereitung ca. 35 Min. |
Einweichen ca. 12 Std. | Backen ca. 25 Min.
Pro Portion ca. 210 kcal

1 Am Vortag für die Gewürzpaste alle Gewürze in ein Schälchen geben, mit heißem Wasser bedecken und zugedeckt über Nacht einweichen.

2 Am nächsten Tag das Fischfilet abbrausen, trocken tupfen und mit der Haut nach unten in eine Schüssel legen. Den Saft der Limette darüberträufeln. Filet mit Kurkumapulver sowie 1 Prise Salz bestreuen und zugedeckt ca. 20 Min. marinieren.

3 Die Gewürze in ein Sieb abgießen, gut abtropfen lassen und trocken tupfen. Die Gewürze im Mörser zu einer feinen Paste zerstoßen. Das Öl in einer Pfanne erhitzen. Die Gewürzpaste darin erwärmen und 100 ml heißes Wasser unterrühren.

4 Die Tomaten waschen, halbieren und die Stielansätze entfernen. Die Hälften in grobe Stücke schneiden und mit den Gewürzen ca. 10 Min. köcheln lassen, bis sie ihren Saft abgeben.

5 In der Zwischenzeit den Backofen auf 180° vorheizen. Die Auberginen waschen und rundherum längs im Abstand von 2 cm tief einschneiden. Die Tomaten-Gewürz-Paste in einer ofenfesten Form verteilen, die Auberginen so darin wenden, dass die Paste in die Schnitte eindringt. Die Auberginen im Ofen (Mitte) in ca. 25 Min. garen.

6 Kartoffeln waschen, trocken tupfen und in hauchdünne Scheiben schneiden. Öl auf einen Teller geben, die Kartoffeln darin wenden und auf ein mit Backpapier ausgelegtes Backblech legen. Im Ofen (Mitte) in ca. 15 Min. knusprig backen.

7 Das Fischfilet aus der Marinade heben. Das Öl in einer ofenfesten Pfanne erhitzen. Den Fisch mit der Hautseite nach unten 2 Min. garen, dann im Ofen neben den Karoffelchips ca. 8 Min braten, bis er innen nicht mehr glasig ist.

8 Den Kabeljau mit den Auberginen, dem Tomaten-Gewürz-Sud und den Kartoffelchips anrichten. Mit Kresse bestreuen.

CBS
Keeping London
moving for 150 years
tfl.gov.uk/tube150
MAYOR OF LONDON
150
HIGH STREET KENSINGT

TELEPHONE
TELEPHONE
The Royal Borough of Kensington and Chelsea
QUEEN'S GATE. S.W.7

BERÜHMTE MUSEEN

Zwischen Luxusboutiquen, kostspieligen Immobilien und teuren Hotels finden Sie in Knightsbridge einige der schönsten und besten Museen der Welt. Zudem bieten zahlreiche Galerien eine Bandbreite an zeitgenössischer und klassischer Kunst, die nicht nur auf ein großes Portemonnaie, sondern auch einen großen Kunstverstand hindeuten. Ein Gang durch Mayfairs Galerien könnte bei Hauser & Wirth (196A Piccadilly, Tube: Piccadilly) beginnen, durch die Albemarle Street (Tube: Green Street) führen und schließlich in der Hamilton's Gallery (13 Carlos Place, Tube: Bond Street) enden.

Von der Serpentine Gallery mitten im Hyde Park kann man einen anregenden Spaziergang zur Museumsmeile an der Cromwell Road starten. Weiter geht's in Richtung Buckingham Palace zu den War Rooms, in denen Churchills Kriegskabinett unter Tage lebte, arbeitete und die Invasion der Alliierten vorbereitete. Ebenfalls der Tradition verschrieben, aber gleichzeitig auch der Moderne und der Experimentierfreudigkeit, hat sich die Royal Institution of Great Britain, in deren Museumstrakt man einige der berühmtesten naturwissenschaftlichen Experimente verfolgen kann.

2 SERPENTINE GALLERY

Zu den beliebtesten kleinen Kunstmuseen Londons gehört die Serpentine Gallery, die mitten in den Kensington Gardens liegt. Sie präsentiert ausschließlich zeitgenössische Kunst. Die Sommerparty der Gallery ist ein gesellschaftliches Ereignis – Rockstars, Mäzene, Künstler und Models sind zu Gast. Den jährlich neuen Sommerpavillon entwerfen namhafte internationale Architekten, bislang beispielsweise Zaha Hadid oder der mittlerweile verstorbene Oscar Niemeyer.

Eintritt: frei
Tel.: 0044 20 7402 6075
www.serpentinegallery.org
Tube: Kensington High Street

3 NATURAL HISTORY MUSEUM

Es ist eines der größten Naturkundemuseen der Welt. Wenn Sie an Dinosauriern, Insektensammlungen und hervorragenden interaktiven Präsentationen oder an Darwin interessiert sind, ist dieses Museum absolut lohnenswert. Kinder sind sehr willkommen.

Eintritt: frei (Ausnahme: Sonderausstellungen)
Cromwell Road
Tel.: 0044 20 7942 5000
www.nhm.ac.uk
Tube: South Kensington

4 VICTORIA AND ALBERT MUSEUM

Es könnte ein verstaubtes Museum mit viel altem Geschirr sein. Doch tatsächlich ist das Victoria and Albert Museum ein unglaublich vielseitiges Design- und Kunstmuseum. Die Modesammlung ist ebenso beeindruckend wie die mittelalterlichen Engel. Die Keramiksammlung gilt als die umfassendste weltweit. Ein besonderer Schwerpunkt des Museums sind Süd- und Ostasien sowie der islamische Mittlere Osten. Nach aktueller Zählung beherbergt das Museum 2.233.293 Exponate. Der Museumsladen allein ist schon einen Besuch wert.

Eintritt: frei (Ausnahme: Sonderausstellungen)
Cromwell Road
Tel.: 0044 20 7942 2000
www.vam.ac.uk
Tube: South Kensington

5 ROYAL ALBERT HALL (siehe S. 125)

8 CHURCHILL WAR ROOMS

Eine Zeitreise in den Zweiten Weltkrieg. Hier lebte, tagte und taktierte das Kriegskabinett unter Leitung von Winston Churchill. Beeindruckend: die winzigen Räume und das Fehlen jeglicher Privatsphäre. Ein historischer Ort, an dem die Zeit ganz bewusst angehalten wurde. Wunderbarer Museumsshop mit vielen Retro-Objekten.

Eintritt: Erwachsene £ 17 (bis 16 Jahre frei)
Tel.: 0044 20 7930 6961
www.iwm.org.uk/visits/churchill-war-rooms
Tube: Westminster

6 HARRODS

Hier gibt es alles zu kaufen, getreu dem Motto des Geschäfts: »*All things for all people everywhere.*« Wer gerne stöbert, kann sich in diesem Kaufhaus stundenlang beschäftigen. Die Food Halls mit den 1902 entworfenen Fliesen von W. J. Neatby sind auf jeden Fall einen Abstecher wert. Die weltberühmte Fassade wirkt abends besonders stimmungsvoll.

7 HARVEY NICHOLS

Harvey Nichols ist das kleinere Pendant zum Riesenkaufhaus Harrods. Prinzessin Diana schätzte es sehr. Hier gibt es nicht alles, sondern Ausgewähltes. Die Preise sind ähnlich wie bei Harrods. Die fünfte Etage ist ein Ess-Paradies mit Restaurant, Bäckerei, Fischgeschäft, Kochbuchecke und chic verpackten hauseigenen Alltagsprodukten von Pasta bis Kaffee.

9 BUCKINGHAM PALACE

Seit 1837 ist der Buckingham Palace offizielle Residenz des Königshauses. Londoner nennen den wenig bescheidenen Palast mit typischem Understatement »Buck House«. Von den 775 Zimmern im Palast sind 19 sogenannte *state rooms* für Besucher geöffnet. Die Wachablösung (April bis Juni) gilt als oberstes Touristenziel.

TIPP: Noch beeindruckender ist die Wachablösung vor Whitehall (täglich) im Regierungsbezirk in unmittelbarer Nähe.

Eintritt Buckingham Palace: ca. £ 19

10 QUILON

Direkt beim Buckingham Palace liegt das erlesenste indische Restaurant Londons. Sriram Aylur bekocht Politiker, Geschäftsleute und berühmte Persönlichkeiten. Sein Restaurant ist dezent eingerichtet und so geschickt bestuhlt, dass auch Prominente ungestört speisen können. Wer es ganz privat haben will, bucht das »Restaurant im Restaurant«, das nicht einsehbar ist und einen privaten Zugang hat. Paparazzi sieht Sriram, der mit seiner runden Brille und seiner leisen, ernsthaften Art ein bisschen an Mahatma Ghandi erinnert, nicht gern.

Ähnlich ernsthaft wie er selbst sind seine aus der südindischen Küche stammenden Gerichte mit internationalen Einsprengseln: ohne Schnörkel, Sößchen oder sonstige ablenkende Verschönerungen. Sriram Aylur: »Das Essen soll sprechen, nicht der Teller.«

Der Bierfan bietet neben 180 Weinen auch 25 Biersorten auf seiner Getränkekarte.

Hauptgerichte: um £ 30

SRIRAM TAYLUR'S BLACK COD

KOHLENFISCH NACH SRIRAM TAYLUR

Der auf Deutsch etwas unglücklich benannte Kohlenfisch (man kann ihn über das Internet beziehen), ist seit einiger Zeit einer der begehrtesten Speisefische in der Sternegastronomie. Glücklicherweise werden seine Bestände – er ist im Nordpazifik beheimatet – streng kontrolliert.

Für 4 Personen
500 g Kohlenfischfilet (oder anderes weißfleischiges Fischfilet, z. B. Kabeljau)
1 Knoblauchzehe
1 ½ EL Tamarindenpaste *(imli)*
1 ½ Palmzucker *(jaggery)*
½–1 TL Chilipulver *(deggi mirch)*
1 EL flüssiger Honig
1 TL Bockshornkleesamen *(methi)*
1 TL Malzessig
Salz
3 EL Öl

Zubereitung ca. 25 Min. | Marinieren 2 Std.
Pro Portion ca. 340 kcal

1 Das Fischfilet kalt abbrausen, trocken tupfen und in vier gleich große Stücke teilen. In einen tiefen Teller legen und beiseitestellen. Den Knoblauch schälen, in feine Würfel schneiden und mit einer Gabel zerdrücken.

2 Knoblauch, Tamarindenpaste, Palmzucker, Chilipulver, Honig, Bockshornkleesamen, Malzessig und etwas Salz mit ¼ l warmem Wasser in eine Pfanne geben. Alles verrühren und zu einer sämigen Marinade einköcheln lassen.

3 Die Marinade durch ein feines Sieb gießen und über das Fischfilet träufeln. Das Filet zugedeckt mindestens 2 Std. im Kühlschrank marinieren.

4 Den Backofen auf 210° vorheizen. Das Öl in einer Pfanne erhitzen und den Fisch darin auf beiden Seiten kurz anbraten. Dann auf ein mit Backpapier ausgelegtes Backblech legen und im Ofen (Mitte) in ca. 5 Min. fertig garen.

5 Inzwischen die restliche Marinade in der Pfanne erhitzen, dabei, falls nötig, noch etwas Wasser dazugeben. Den Fisch auf Tellern anrichten und mit etwas heißer Sauce beträufeln. Dazu passt der Salat mit Gojibeeren-Dressing (siehe S. 100)

SRIRAM TAYLUR'S SALAD WITH GOJI BERRIES

SALAT MIT GOJIBEEREN-DRESSING

Bei diesem Salat, der kinderleicht zuzubereiten ist, spielen Aromen und Farbe eine große Rolle. Gelbe Bete findet man auf Wochenmärkten und in Bioläden. Und Gojibeeren, die knallroten Vitaminbomben, gibt es getrocknet in Reformhäusern und Bioläden.

Für 4 Personen

FÜR DEN SALAT:

je 1 kleine Gelbe und Rote Bete
Salz | Pfeffer
300 g Feldsalat
2 Römersalatherzen
60 g Baby-Mixsalat
2 Patisson-Kürbisse oder kleine Zucchini
4 Radieschen
1 EL Alfalfasprossen
1 rosa Grapefruit
1 grüner Apfel (z. B. Granny Smith)

FÜR DAS DRESSING:

50 g getrocknete Gojibeeren (aus dem Bioladen)
1 EL flüssiger Honig
2 EL Olivenöl
4 EL Weißweinessig
Salz | Pfeffer
¼ rote Chilischote (nach Belieben)

Zubereitung ca. 50 Min.
Pro Portion ca. 195 kcal

1 Für den Salat den Backofen auf 180° vorheizen. Die Beten waschen und trocken tupfen, salzen, pfeffern und in Alufolie wickeln. Auf ein Backblech legen und im Ofen in ca. 30 Min. weich garen. Dann etwas abkühlen lassen, schälen und quer in dünne Scheiben schneiden.

2 Inzwischen für das Dressing die Gojibeeren in ein Schälchen geben, mit heißem Wasser bedecken und ca. 30 Min. einweichen.

3 Den Feldsalat putzen, waschen und trocken schleudern. Die Römersalatherzen putzen und waschen, trocken schütteln und in feine Streifen schneiden. Den Mixsalat waschen und trocken schleudern. Die Kürbisse putzen, waschen, zuerst in Scheiben, dann in feine Streifen schneiden. Die Radieschen und die Sprossen waschen und trocken tupfen.

4 Die Schale der Grapefruit so dick abschneiden, dass auch die weiße Haut entfernt ist. Die Fruchtfilets mit einem Messer auslösen. Den Apfel waschen, vierteln und die Kerngehäuse entfernen. Die Viertel längs in feine Scheiben schneiden.

5 Die Gojibeeren in einem Sieb abtropfen lassen, mit den restlichen Dressingzutaten in einen Becher geben und mit dem Stabmixer pürieren. Die Masse durch ein feines Sieb streichen.

6 Die Apfelscheiben auf Teller verteilen und die Betescheiben kreisförmig darauf anrichten. Die Grapefruitfilets in die Zwischenräume legen. Die restlichen Salatzutaten darüber verteilen und den Salat mit dem Dressing beträufeln.

⑪ FORTNUM & MASON

Das frisch renovierte Genussparadies verteilt sich auf mehrere Etagen und ist Lieferant der legendären Fortnum & Mason-Geschenkkörbe. Im Untergeschoss findet sich die beeindruckendste Auswahl an indischen Gewürzen jenseits von Southall und East End. Natürlich etwas teurer, dafür aber so hübsch verpackt, dass sich Asafoetida & Co. als hübsches Mitbringsel eignen.
Gewürze: ab ca. £ 2,50

⑫ CHOR BIZARRE

Zwei der drei Restaurants dieser kleinen, feinen Kette befinden sich in Indien, das dritte in London. Der Restaurantname (übersetzt »Hehlermarkt«) soll ausdrücken, dass hier die feinsten Rezepte aus den 26 Küchenregionen zwischen Kaschmir und Kerala auf einer Speisekarte kombiniert wurden.

Auch in der Dekoration des Restaurants spiegelt sich die ganze Vielfalt des indischen Subkontinents wider. Jeder Tisch und jede Sitzecke sind überaus einfallsreich und unterhaltsam gestaltet. Neben der Weinkarte gibt es auch eine Teekarte mit 20 verschiedenen Sorten.
Afternoon tea mit herzhaften Teilchen: £ 12,50
Kashmiri Tarami (viele feine Kleinigkeiten zu Reis): £ 30

KASHMIRI TARAMI

Dieses Gericht aus Kaschmir wird nach seiner Darreichungsform benannt. Tarami bezeichnet einen Teller. Taramis können kunsthandwerkliche Kleinode sein, handgetrieben und oft mit dem dekorativen Blattwerk der Morgenländischen Platane dekoriert.

Ein Thali (siehe auch S. 170) ist die indische Variante eines Tarami. In beiden Gerichten spielt Reis die Hauptrolle, deshalb ist er in der Mitte des Tellers angerichtet.

Drumherum sind in Schüsselchen die übrigen Bestandteile angerichtet, vom pikanten Chutney bis zum erfrischenden Relish, vom Dip bis zum Fleisch- oder würzigen Gemüsegericht.

Welche Bestandteile ein Tarami oder Thali hat, hängt vom Geldbeutel ab, von der Religion oder von der Region. Die nachstehenden Gerichte können Sie so kombinieren wie Manish Sharma, der Chefkoch des »Chor Bizarre«. Oder Sie suchen ein einzelnes Fleisch- oder Gemüsegericht aus und servieren es als Hauptgericht. In dem Fall sollten Sie die Zutatenmengen allerdings verdoppeln oder verdreifachen.

DIE REZEPTE DES KASHMIRI TARAMI

KASHMIRI RAJAMA
Kidneybohnen mit Tomaten

MURG KORMA
Cremiges Hähnchencurry

LAMB YAKHNI
Lammcurry

ROGAN JOSH
Kaschmir-Klassiker mit Lamm

NADRU HAAQ
Grüngemüse mit Lotuswurzeln

NADRU CHORMA
Lotuswurzeln mit Chili

MOOLI KI CHUTNEY
Walnuss-Rettich-Chutney

KASHMIRI RAJAMA

KIDNEYBOHNEN MIT TOMATEN

Für 4 Personen
3 EL Senföl
½ TL Chilipulver *(deggi mirch)*
½ TL Fenchelpulver *(saunf;* siehe Tipp S. 108)
1 Msp. Asafoetida*(hing)*
1 Msp. Ingwerpulver *(ardrak)*
2 EL Sahnejoghurt (10 %)
2 Kardamomkapseln *(elaichi)*
1 Msp. Minzepulver *(phudina)*
1 EL Tomatenmark
300 g Tomaten
200 g Kidneybohnen (aus der Dose)
Salz

Zubereitung ca. 35 Min.
Pro Portion ca. 135 kcal

1 Das Senföl in einer Pfanne erhitzen. Das Chilipulver darin erwärmen und vorsichtig mit ½ Tasse kaltem Wasser ablöschen.

2 Fenchelpulver, Asafoetida und Ingwerpulver dazugeben und die Gewürzmischung so lange rühren, bis sich etwas Öl an der Oberfläche absetzt.

3 Joghurt, Kardamomkapseln, Minzepulver und Tomatenmark unterrühren und die Sauce ca. 10 Min. köcheln lassen. Falls nötig, noch etwas heißes Wasser dazugeben.

4 Die Tomaten waschen, halbieren und die Stielansätze entfernen. Die Hälften in kleine Stücke schneiden. Die Kidneybohnen in einem Sieb abbrausen und abtropfen lassen. Die Bohnen mit den Tomaten unter die Gewürzsauce rühren, salzen und ca. 15 Min. köcheln, bis die Sauce eindickt und sich etwas Öl an der Oberfläche absetzt. Gut durchrühren und mit Salz abschmecken. Das Kashmiri Rajama mit den anderen Gerichten des Kashmiri-Tarami anrichten (siehe S. 105).

Brot backen im Tandoor-Ofen

MURG KORMA

CREMIGES HÄHNCHENCURRY

Für 4 Personen
½ kleine Zwiebel | ½ Bund Koriander
3 EL Senföl | 1 Msp. Asafoetida *(hing)*
1 TL Fenchelpulver *(saunf;* siehe Tipp S. 108)
½ TL Bockshornkleesamen *(methi)*
1 Msp. Kurkumapulver *(haldi)*
1 Msp. Ingwerpulver
200 g Hähnchenbrustfilet
150 ml Hühnerbrühe
200 g Sahnejoghurt (10 % Fett) oder Schmand
2 EL getrocknete Bockshornkleeblätter *(kashoori methi)*
Salz

Zubereitung ca. 25 Min.
Pro Portion ca. 190 kcal

1 Die Zwiebel schälen und in sehr kleine Würfel schneiden. Den Koriander abbrausen, trocken schütteln und die Blätter fein zerzupfen.

2 Das Öl in einer großen Pfanne erwärmen. Asafoetida, Fenchelpulver, Bockshornkleesamen und Kurkumapulver kurz darin erhitzen. Mit 2 EL Wasser ablöschen und das Ingwerpulver unterrühren. Die Zwiebel dazugeben und alles ca. 5 Min. köcheln, bis die Zwiebelstückchen glasig sind.

3 Das Hähnchenfilet kalt abbrausen, trocken tupfen und in Würfel schneiden. Das Fleisch mit der Brühe in die Pfanne geben und in ca. 10 Min. knapp gar köcheln lassen.

4 Den Joghurt unterrühren und offen 1–2 Min. mitköcheln, bis das Fleisch gar und die Sauce sämig ist. Bockshornkleeblätter und Korianderblätter unter das Curry mischen und mit Salz abschmecken. Das Murg Korma mit den anderen Gerichten des Kashmiri-Tarami anrichten (siehe S. 105).

LAMB YAKHNI

LAMMCURRY

Für 4 Personen
400 g Lammfleisch (aus der Schulter oder Keule)
3 EL Senföl
200 g Naturjoghurt
1 TL Fenchelpulver *(saunf;* siehe Tipp)
1 Msp. Asafoetida
1 Msp. Ingwerpulver *(ardrak)*
1 TL Kichererbsenmehl *(gram)*
2 Kardamomkapseln *(elaichi)*
1 Lorbeerblatt *(tej patta)*
Minzepulver *(phudina;* siehe Tipp)
150 ml Lammfond (aus dem Glas)
Salz

Zubereitung ca. 30 Min.
Pro Portion ca. 260 kcal

1 Das Lammfleisch trocken tupfen und in Würfel schneiden. Das Öl in einer Pfanne erhitzen und das Fleisch rundherum braun braten. Joghurt, Fenchelpulver, Asafoetida, Ingwerpulver sowie Kichererbsenmehl dazugeben und alles ca. 10 Min. köcheln lassen.

2 Die Kardamomkapseln, das Lorbeerblatt sowie 1 Prise Minzepulver unterrühren und 5 Min. mitköcheln lassen.

3 Den Fond hinzufügen und das Curry zugedeckt ca. 10 Min. köcheln lassen, bis sich etwas Öl an der Oberfläche absetzt. Das Lammcurry mit Salz würzen und mit den anderen Gerichten des Kashmiri-Tarami anrichten (siehe S. 105).

GEWÜRZE ZERKLEINERN

Minze- und Fenchelpulver können Sie leicht selbst herstellen: Minzeblätter einfach zwischen den Handflächen zerreiben, Fenchelsamen im Mörser zerstoßen.

ROGAN JOSH

KASCHMIR-KLASSIKER MIT LAMM

Für 4 Personen
400 g Lammfleisch (aus der Schulter oder Keule)
3 EL Senföl
1 Msp. Asafoetida *(hing)*
½ TL Chilipulver *(deggi mirch)*
1 EL Fenchelpulver *(saunf;* siehe Tipp links)
1 TL Ingwerpulver *(ardrak)*
1 Kardamomkapsel *(elaichi)*
1 Zimtstange *(dalchini)*
1 Msp. Kurkumapulver *(haldi)*
1 TL Minzepulver *(phudina;* siehe Tipp links)
3 EL Naturjoghurt
4 EL Tomatenmark
150 ml Lammfond (aus dem Glas)
Salz

Zubereitung ca. 1 Std. | Kochen 30 Min.
Pro Portion ca. 230 kcal

1 Das Lammfleisch trocken tupfen und in Würfel schneiden.

2 Das Öl in einer Pfanne erwärmen. Asafoetida und Chilipulver unterrühren. Mit 1 Tasse kaltem Wasser vorsichtig ablöschen, damit sich die Farbe aus dem Chilipulver löst, und die übrigen Gewürze untermischen.

3 Das Fleisch zu den Gewürzen geben und bei mittlerer Hitze unter gelegentlichem Rühren ca. 5 Min. braten. Den Joghurt, das Tomatenmark und den Fond unterrühren, salzen und alles halb zugedeckt ca. 30 Min. köcheln lassen. Falls nötig, noch etwas Wasser dazugeben. Dann das Fleisch ganz zugedeckt in weiteren 30 Min. gar köcheln.

4 Die Zimtstange und den Kardamom aus der Sauce fischen und entfernen. Das Rogan Josh mit Salz abschmecken und mit den anderen Gerichten des Kashmiri-Tarami anrichten (siehe S. 105).

NADRU CHORMA

LOTUSWURZELN MIT CHILI

Für 4 Personen
3 EL Öl
200 g Lotuswurzeln (siehe Tipp)
Salz
1 Msp. Chilipulver *(deggi mirch)*
1 Msp. Mangopulver *(amchoor)*

Zubereitung ca. 20 Min.
Pro Portion ca. 100 kcal

1 Das Öl in einer Pfanne erhitzen. Die Lotuswurzeln fein hacken und im heißen Öl bei schwacher Hitze goldbraun braten.

2 Die Pfanne vom Herd nehmen und die Lotuswurzeln etwas abkühlen lassen. Dann mit Salz, Chili- und Mangopulver würzen. Das Nadru Chorma und mit den anderen Gerichten des Kashmiri-Tarami anrichten (siehe S. 105).

LOTUSWURZELN

Lotuswurzeln werden in Asienläden meist in Scheiben geschnitten angeboten – vakuumverpackt, eingelegt oder tiefgefroren. Sie sind sehr gesund, denn sie haben viele Ballaststoffe, einen hohen Gehalt an Vitamin C sowie an Zink und Eisen.

NADRU HAAQ

GRÜNGEMÜSE MIT LOTUSWURZELN

Für 4 Personen
3 EL Senföl
1 Msp. Asafoetida
2 getrocknete rote Chilischoten
1 TL Fenchelpulver *(saunf;* siehe Tipp S. 108)
120 g Lotuswurzeln (in Scheiben; siehe Tipp links)
1 Msp. Ingwerpulver *(ardrak)*
200 g Grüngemüse (z. B. Spinat, Kohlrabiblätter, Rote-Bete-Blätter, Rucola)
Salz

Zubereitung ca. 35 Min.
Pro Portion ca. 105 kcal

1 Das Öl in einer großen Pfanne erwärmen. Das Asafoetida, die Chilischoten und das Fenchelpulver darin erhitzen und vorsichtig mit ½ Tasse kaltem Wasser ablöschen. Die Flüssigkeit einköcheln lassen.

2 Die Lotoswurzeln mit dem Ingwerpulver untermischen und ca. 20 Min. gar köcheln lassen.

3 Inzwischen das Grüngemüse putzen, waschen und abtropfen lassen, große Blätter grob hacken. Das Grüngemüse mit den Lotuswurzeln zur Gewürzmischung geben und 5 Min. mitköcheln lassen. Salzen und nach Belieben mit etwas Ingwerpulver abschmecken. Das Nadru Haaq mit den anderen Gerichten des Kashmiri-Tarami anrichten (siehe S. 105).

MOOLI KI CHUTNEY

WALNUSS-RETTICH-CHUTNEY

Für 4 Personen
1 kleiner Rettich (ca. 200 g)
1 Stück Ingwer (ca. 1 cm)
1 kleine grüne Chilischote
3 EL Naturjoghurt
1 EL gehackte Walnusskerne
Salz

Zubereitung ca. 20 Min.
Pro Portion ca. 30 kcal

1 Den Rettich schälen und auf der Küchenreibe ganz fein reiben. In ein Küchentuch geben und die Flüssigkeit etwas auspressen. Den Rettich in einem Sieb abtropfen lassen.

2 Den Ingwer schälen und fein hacken. Die Chilischote putzen, dabei nach Belieben die scharfen Kerne entfernen, waschen und fein hacken. Joghurt mit Ingwer, Chili und Walnüssen verrühren. Mit Salz würzen.

3 Den abgetropften Rettich unter den Joghurt mischen. Das Walnuss-Rettich-Chutney mit den anderen Gerichten des Kashmiri-Tarami anrichten (siehe S. 105).

13 TAMARIND

Das »Tamarind« gehört zu den bekanntesten, besten und schönsten indischen Restaurants der Stadt. Es hält schon seit einigen Jahren einen Michelin-Stern – den holte Atul Kochhar, der mittlerweile mit dem Benares (siehe S. 118) sein eigenes Sterne-Restaurant hat.

ZURÜCKHALTENDE ELEGANZ

Auf den ersten Blick verblüfft die Lage dieses Restaurants: Es liegt im Untergeschoss. Doch das sorgt gleichzeitig für eine sehr private Atmosphäre. Die Gestaltung des Raums ist modern und die Atmosphäre trotz fehlendem Tageslicht ansprechend. Rechter Hand liegt eine Bar, an der die Gäste stilvoll und entspannt mit einem Glas in der Hand auf ihren Tisch warten können (solche Bars findet man in allen Restaurants, die Platz dafür haben). Die Küche verbirgt sich hinter einer Glasfront, die sich erst bei näherem Hinsehen als solche entpuppt. Die Farben des Restaurants könnte Giorgio Armani ausgesucht haben: Beigetöne harmonieren mit Grau und Metall, die Stühle erinnern an indische Schmiedearbeiten.

AN VIPS GEWÖHNT

Chefkoch Peter Joseph ist 33 Jahre alt, stammt aus Chennai und bewirtet mit 11 Köchen durchschnittlich 120 Gäste pro Abend; viele berühmte Musiker sind darunter, von Joss Stone über Elton John zu Kanye West und Nitin Sawhney. Das Essen ist fein, lecker angerichtet, ein bisschen ungewöhnlich, aber nicht kompliziert.

Auch die Getränkekarte ist ausgesucht und einfach elegant. Sie bietet mehrere Champagnercocktails und an Weinen nicht nur die üblichen Standards, die viele Sterne-Gastronomen im Programm haben. Ein bisschen Österreich, recht viel aus dem Elsass, weiße Burgunder, als Hommage an die vielen internationalen Gäste auch schöne Weine aus Übersee.

MALAI TIKKA TAMARIND

HÄHNCHEN-TIKKA MIT FRISCHKÄSE

Ein Klassiker der indischen Küche, allerdings viel zurückhaltender gewürzt als in vielen einfachen Restaurants. Original wird das Hähnchen-Tikka im Tandoor-Ofen gegart, doch im Backofengrill oder auf dem Gartengrill geht es genauso gut. Ein Klacks Frischkäse macht es besonders cremig.

Für 4 Personen
500 g Hähnchenbrustfilets
1 Limette
Salz
1 Stück Ingwer (ca. 2 cm)
1 kleine Knoblauchzehe
3 Stängel Koriander
1 grüne Chilischote
120 g Naturjoghurt
50 g Frischkäse
80 g Crème double
½ TL Kreuzkümmelpulver *(jeera)*
½ TL Kardamompulver *(elaichi)*
1 Zitrone
½ TL Chat Masala

Zubereitung ca. 30 Min. |
Marinieren ca. 1 Std.
Pro Portion ca. 265 kcal

1 Das Hähnchenfleisch kalt abbrausen und trocken tupfen, in mundgerechte Stücke schneiden und in eine Schüssel geben. Den Saft der Limette auspressen und mit 1 Prise Salz verrühren. Ingwer und Knoblauch schälen und fein hacken. Die Hälfte des Ingwers und den Knoblauch mit dem Limettensaft mischen. Die Marinade über das Fleisch träufeln und vermischen.

2 Den Koriander abbrausen und trocken schütteln, die Blätter abzupfen und fein hacken. Die Chilischote putzen, dabei nach Belieben die scharfen Kerne entfernen, waschen und fein hacken. Den Joghurt mit Frischkäse und Crème double verrühren. Den restlichen Ingwer, Koriander, Chili, Kreuzkümmel- und Kardamompulver mit der Joghurtmischung verrühren.

3 Das Fleisch unter die Joghurtmischung rühren und zugedeckt ca. 1 Std. im Kühlschrank marinieren.

4 Den Backofengrill vorheizen. Die Fleischstücke auf Schaschlikspieße stecken, auf ein mit Backpapier ausgelegtes Backblech legen und unter dem Grill (Mitte) auf jeder Seite 3–4 Min. goldbraun garen.

5 Die Zitrone auspressen. Das Fleisch auf Tellern anrichten, mit dem Zitronensaft beträufeln und mit Chat Masala bestreuen. Dazu passen ein Brunnenkresse-Salat mit Rote-Bete-Sprossen sowie Reis oder Naanbrot (siehe S. 147)

HYDERABADI SHANKS TAMARIND

LAMMHACHSEN AUS HYDERABAD

Diese langsam gekochten Lammhachsen gehören zu den Lieblingsgerichten der Gäste im Tamarind. Die leichte Süße ist typisch für die Küche des Bundesstaats Andhra Pradesh in Südindien. Hyderabad ist die Hauptstadt von Andhra Pradesh.

Für 4 Personen
3 Zwiebeln
4 EL Öl
4 Kardamomkapseln *(elaichi)*
4 Zimtstangen *(dalchini)*
6 Gewürznelken *(laung)*
1 Stück Ingwer (ca. 2 cm)
1 Knoblauchzehe
3 Tomaten (ca. 300 g)
1 TL Kurkumapulver *(haldi)*
½ EL Chilipulver *(deggi mirch)*
2 TL Kreuzkümmelpulver *(jeera)*
2 EL gemahlener Koriander *(dhania)*
80 g Sahnejoghurt (10 % Fett)
4 kleine Lammhachsen (1,2–1,5 kg; beim Metzger vorbestellen)
Salz
½ Bund Koriander
½ TL Garam Masala

Zubereitung ca. 45 Min. | Kochen ca. 1 Std. 45 Min.
Pro Portion ca. 615 kcal

1 Die Zwiebeln schälen und in feine Ringe schneiden. Das Öl in einer großen Pfanne erwärmen. Die Kardamomkapseln mit einer Messerklinge andrücken, mit Zimtstangen und Gewürznelken im Öl ca. 1 Min. erwärmen. Die Zwiebeln dazugeben und unter mehrfachem Rühren in ca. 8 Min. weich garen.

2 Ingwer und Knoblauch schälen, fein hacken und im Mörser oder mit einer Gabel zerdrücken. Tomaten waschen, halbieren und die Stielansätze entfernen. Die Hälften grob hacken.

3 Das Ingwer-Koblauch-Mus, Kurkuma, Chilipulver, Kreuzkümmel und Koriander zu den Zwiebeln geben und zugedeckt bei schwacher Hitze ca. 5 Min. ziehen lassen, dabei ab und zu umrühren.

4 Den Joghurt und die Tomaten unterrühren und weitere 5 Min. bei starker Hitze einkochen lassen, bis sich etwas Öl an der Oberfläche absetzt.

5 Die Lammhachsen abbrausen und trocken tupfen. In die Sauce legen und unter öfterem Wenden ca. 5 Min. mitköcheln lassen. So viel heißes Wasser (ca. ½ l) angießen, dass die Hachsen zu etwa zwei Drittel bedeckt sind. Mit Salz würzen und zugedeckt ca. 1 Std. 45 Min. köcheln, bis das Fleisch gar ist (dann löst es sich vom Knochen).

6 Hachsen aus der Sauce heben. Zimtstangen, Kardamom und Gewürznelken entfernen. Sauce mit dem Stabmixer pürieren und in 5–10 Min. sämig einköcheln lassen. Abschmecken.

7 Hachsen in der Sauce zugedeckt ca. 5 Min. köcheln lassen. Koriander waschen und trocken schütteln, die Blätter abzupfen und fein hacken. Die Hachsen mit Garam Masala und Koriander bestreuen und mit Naanbrot (siehe S. 147) servieren.

ERFOLGSSTORY: ATUL KOCHHAR IST RESTAURANTBESITZER, STERNEKOCH, KOCHBUCHAUTOR UND BELIEBTER TV-GAST

14 BENARES

Dass indische Küche in der Sterne-Gastronomie angekommen ist, dafür darf sich Atul Kochhar die meisten Lorbeeren an den Hut heften. Und das, obwohl seine Familie eigentlich gehofft hatte, er würde Arzt werden. Im Restaurant »Tamarind« (siehe S. 113) erkochte er schon im Jahr 2001 einen Michelin-Stern. Als er sich mehrere Jahre später dann mit einem eigenen Restaurant, dem »Benares«, selbstständig machte, ließ auch hier ein Stern nicht lange auf sich warten. Atul Kochhar hat mehrere Kochbücher geschrieben und ist gern gesehener Gast im englischen Fernsehen. Denn er hat das Kochen von der Pike auf gelernt – sein Vater ist selbst vom Fach –, und er kann sehr überzeugend Geschichten erzählen.

FÜR FRAUEN GEDACHT

Das Restaurant liegt an Londons wohl teuerstem Platz, dem Berkeley Square, und neben einem Showroom für Maseratis. Die Inneneinrichtung schafft eine freundliche und ruhige Atmosphäre, die Wärme und Gastfreundschaft ausstrahlt; sie dürfte den Preis einiger Luxusautomobile wert sein. »Ich wollte ein frauenfreundliches Restaurant«, erklärt Atul Kochhar die sehr gelungene Mischung aus altem Holz, indirektem Licht und Kerzen, »Ich dachte, wenn es Frauen gefällt, dann kommen die Männer sowieso.« Das Konzept ist aufgegangen.

In vielen indischen Restaurants wird zum Essen einfach Tee oder Bier getrunken. Atul Kochhar hingegen beschäftigt fünf Sommeliers und hat einen temperierten Raum für Weine.

An der schönen Bar treffen sich auch Gäste, die gar nicht im Restaurant essen wollen. Die Bar ist auch nachmittags geöffnet und ein guter Treffpunkt für Business-Meetings in einem relativ diskreten Umfeld.

FAMILIENPHILOSOPHIE: REGIONAL

Vor dem Erfolg stand aber erstmal ein großer Krach. Ausgerechnet mit seinem Vater, den er stolz aus Indien nach London in sein erstes Restaurant eingeflogen hatte.

Atul Kochhar kämpfte, wie das natürlich viele Köche aus anderen Länderküchen tun, mit der Glaubwürdigkeit. »Ich wollte den Londonern die echte indische Küche zeigen. Deshalb hatte ich beschlossen, ausschließlich mit indischen Produkten zu kochen, mit Fischen, die ich von zu Hause kannte, mit Ziegenfleisch. Das alles ließ ich einfliegen oder besorgte es über fünf Ecken auf dem Großmarkt. Die Kosten waren erst einmal egal, denn nur so würde es authentisch schmecken«, dachte ich.

»Mein Vater probierte sich durch ein ganzes Menü, das ich gerade auf die Speisekarte gesetzt hatte. Und dann bekam ich eine fürchterliche Gardinenpredigt! Er konnte sich nicht vorstellen, dass es nicht auch in England gute Grundprodukte geben würde. Mittlerweile gebe ich ihm absolut recht. Mein Vater hat schon Regionalität gepredigt, als das in der Sterne-Gastronomie noch überhaupt kein Thema war. Ich kann heute jeden Fisch, den ich auf die Speisekarte setze, zu seinem Fischer zurückverfolgen, und der fischt nicht im Golf von Bengalen, sondern vor der englischen Küste.«

TAYLOR'S
TAYLOR'S

ATUL KOCHHAR'S MULLIGATAWNY

MULLIGATAWNY-SUPPE MIT RICE CRISPIES

»Dinner for One«, den TV-Silvester-Klassiker, der diese Suppe aus der tamilischen Küche Südindiens dem deutschen Publikum nahebrachte, kennt in England niemand. Für einen üppigeren Gang verdoppelt oder verdreifacht man die Suppenzutaten einfach.

Für 4 Personen

FÜR DIE RICE CRISPIES:

25 g frische Curryblätter *(kari patta)*
1 EL Öl
75 g Kokosnussfleisch
125 g Marshmallows
25 g Butter
75 g Kellogg's Rice Crispies
½ TL Chilipulver *(deggi mirch)*
10 g Chat Masala
Salz

FÜR DIE SUPPE:

4 Curryblätter *(kari patta)*
4 EL Kokosnussöl
1 TL schwarze Senfsamen *(rai;* siehe S. 56)
½ Zwiebel
1 grüner Apfel (z. B. Granny Smith)
½ Möhre
2 grüne Chilischoten
½ Stange Sellerie
2 Knoblauchzehen
1 Stück Ingwer (ca. 1 cm)
½ TL Kurkumapulver *(haldi)*
½ TL mildes Currypulver
50 g rote Linsen
200 ml Lammfond (aus dem Glas)
100 ml Kokosmilch
Salz

Zubereitung ca. 25 Min.
Pro Portion ca. 450 kcal

1 Für die Rice Crispies die Curryblätter abbrausen und trocken tupfen. Öl in einer Pfanne erhitzen und die Blätter darin kurz braten, herausheben und auf Küchenpapier abtropfen lassen. Das Kokosnussfleisch auf der Küchenreibe fein raspeln.

2 Die Marshmallows mit der Butter in einem Topf schmelzen lassen. Curryblätter, Rice Crispies und restliche Gewürze unterrühren. Die Creme in eine Auflaufform geben, glatt streichen und mindestens 30 Min. kühl stellen, bis sie fest wird.

3 Für die Suppe die Curryblätter abbrausen und trocken tupfen. Das Kokosnussöl in einer großen Pfanne erhitzen. Die Senfsamen und die Curryblätter darin ca. 1 Min. braten, bis die Senfsamen größer werden oder aufplatzen.

4 Die Zwiebel schälen und in kleine Würfel schneiden. Apfel waschen, vierteln und das Kerngehäuse entfernen, die Viertel in kleine Würfel schneiden. Möhre schälen und in kleine Würfel schneiden. Chilischoten putzen, dabei nach Belieben die scharfen Kerne entfernen, waschen und fein hacken. Sellerie putzen, waschen und in kleine Würfel schneiden. Die vorbereiteten Gemüse in die Pfanne geben und einige Min. andünsten.

5 Den Knoblauch schälen und fein hacken, den Ingwer schälen und fein reiben. Beides mit Kurkuma- und Currypulver unter das Gemüse rühren und 1 Min. mitköcheln lassen.

6 Die Linsen in einem Sieb abbrausen und abtropfen lassen, mit dem Fond zum Gemüse geben und in ca. 10 Min. weich garen. Dann die Kokosmilch unterrühren und die Suppe salzen.

7 Die Rice Crispies in Rechtecke oder Streifen schneiden und zur Mulligatawny-Suppe servieren.

ATUL KOCHHAR'S MEEN ALLEPPEY

FISCHCURRY MIT KABELJAU

Dieses klassische Fischcurry aus der südindischen Region Kerala serviert Atul Kochhar getreu seiner Kochphilosophie mit Kabeljau, der im englischen Devon von Hand geangelt wurde. Sie können aber jeden anderen festfleischigen Fisch dafür verwenden.

Für 4 Personen

FÜR DIE SAUCE:
500 g Tomaten
100 g Schalotten
1 Stück Ingwer (ca. 1 cm)
1 Knoblauchzehe
2 EL Ghee oder Butterschmalz
1 TL Tamarindenpaste *(imli)*
2 EL Rapsöl
10 getrocknete Curryblätter *(kari patta)*
1 TL schwarze Senfsamen *(rai;* siehe Tipp S. 56)
½ TL Kurkumapulver *(haldi)*
1 TL gemahlener Koriander *(dhania)*
½ TL Chilipulver *(deggi mirch)*
200 ml Hühnerbrühe

FÜR DEN FISCH:
4 Kabeljaufilets oder andere festfleischige Filets (ca. 600 g; mit Haut)
2–3 Knoblauchzehen
2 EL Rapsöl
1 getrocknete rote Chilischote
5 getrocknete Curryblätter *(kari patta)*
2 EL Butter
Salz
Saft von ½ Limette

Zubereitung ca. 25 Min.
Pro Portion ca. 280 kcal

1 Für die Sauce die Tomaten waschen, halbieren und die Stielansätze entfernen. Die Hälften in kleine Stücke schneiden. Die Schalotten schälen und in dünne Scheiben schneiden. Ingwer und Knoblauch schälen und fein hacken, mit der Gabel oder im Mörser fein zerdrücken.

2 Ghee in einer Pfanne erhitzen und die Schalotten darin 5 Min. glasig dünsten. Ingwer-Knoblauch-Mischung, Tomaten und die Tamarindenpaste unterrühren und köcheln lassen.

3 Das Öl in einer kleinen Pfanne erwärmen. Die Curryblätter zwischen den Handflächen zerreiben und mit den Senfsamen, Kurkuma, Koriander und Chilipulver zum Öl geben und ca. 1 Min. braten, bis alles duftet. Die Gewürze unter die Tomatenmischung rühren. Die Brühe angießen und offen leicht köcheln lassen, bis der Fisch gegart ist.

4 Für den Fisch die Kabeljaufilets abbrausen und trocken tupfen. Den Knoblauch schälen. Das Öl in einer beschichteten Pfanne erhitzen. Knoblauch, Chilischote und die Curryblätter hineingeben, ein paar Minuten erhitzen und dabei je nach gewünschter Aromaintensität mehr oder weniger stark ins Öl drücken. Die Butter unterrühren, Knoblauch, Chilischote und Curryblätter entfernen.

5 Die Fischfilets im Würzöl auf der Hautseite ca. 3 Min. anbraten. Wenden, salzen und mit Limettensaft beträufeln. Die Pfanne vom Herd nehmen und die Filets zugedeckt in 2–3 Min. gar ziehen lassen.

6 Die Sauce auf Teller verteilen und die Filets mit der Haut nach oben darauflegen. Das restliche Bratöl darüberträufeln.

8 build
WELCOME
to the Royal Albert Hall
CAFÉ CONSORT
open as usual
BOX OFFICE

VON HÄNDEL BIS HENDRIX

Mit Heldenverehrung haben's die Briten nicht so. Ihren Politikern beispielsweise bringen sie eine gehörige Portion Misstrauen entgegen – Winston Churchill mag da eine Ausnahme sein.

Bei Musikern hört diese Zurückhaltung allerdings auf. Musiker werden verehrt, können richtig reich werden, lila Rolls Royce fahren und den Status von Ikonen erreichen. Dass ein international berühmtes Museum wie das Victoria & Albert Museum dem Musiker und Popstar David Bowie gleich eine ganze, riesige Ausstellung widmet, die seine Karriere, seine Musik und seine Outfits würdigt, könnte man sich selbst in den USA nicht vorstellen und schon gar nicht in Deutschland. Für keine andere Ausstellung in der langen Geschichte des Museums (siehe S. 93) gingen die Tickets schneller weg als für diese David-Bowie-Retrospektive. Eines der bekanntesten Bowie-Album-Cover, das »Ziggy Stardust«, wurde übrigens in der Heddon Street fotografiert.

Über die Clubs von Mayfair – man erkennt sie an der Paparazzi-Schar, die darauf wartet, nicht mehr ganz nüchterne Promis in den Morgenstunden »abzuschießen« – sang schon Amy Winehouse.

ZWEI POPSTARS IHRER ZEIT

Auch zwei berühmte Musiker lebten hier. George Frideric Handel dürfte der erste Popstar Englands gewesen sein. Als 27-Jähriger verlegte Georg Friederich Händel seinen Wohnsitz nach London. Von 1723 bis zu seinem Tod 1759 wohnte er in der Brook Street. Neben dem »Messias« komponierte er die »Wassermusik«, die an der Themse im Beisein von König Georg I. aufgeführt wurde.

Direkt nebenan wohnte in den wilden Sixties ein amerikanischer Musiker, der dieses Jahrzehnt wohl besser verkörperte als jeder andere Popstar: Jimi Hendrix.

Seine erste eigene Wohnung lag im Dachgeschoss und hatte, so erinnert sich seine damalige Freundin, den Riesenvorteil, dass niemand nebenan wohnte und sich über zu laute Musik beschweren konnte. Als Hendrix erfuhr, welch berühmter Künstler einst im Nebenhaus gewohnt hatte, besorgte er sich sofort Aufnahmen der »Wassermusik« und des »Messias».

Das Haus und die Wohnung können nicht besichtigt werden. Sie sind mittlerweile zu Büros umgewandelt.

5 ROYAL ALBERT HALL

Händels Musik wird nach wie vor in der Royal Albert Hall aufgeführt, einer der bekanntesten Konzerthallen der Welt. Auch Jimi Hendrix gab dort im Jahr 1969 mehrere Konzerte. Im Jahr 1966 verursachten die Rolling Stones dort bei einem Konzert ein untypisch englisches, legendäres Chaos. Doch in der ehrwürdigen Royal Albert Hall finden nicht nur Rockkonzerte, sondern auch die weltweit übertragenen Proms statt. Prinz Albert, Gemahl von Königin Victoria, gab den Anstoß zum Bau dieses auch architektonisch sehr interessanten Gebäudes.

Eintritt: ca. £ 6
Führung: ca. £ 8,50

DIE GEISTER DER POPSTARS

Auf der anderen Seite des Berkeley Square, etwa zehn Gehminuten von der Brook Street entfernt, hat die Curzon Street Nr. 9 in Musikerkreisen traurige Berühmtheit erlangt. Hier wohnte der amerikanische Popsänger Harry Nilsson (»Without you«). In seiner Wohnung starben im Abstand von vier Jahren gleich zwei Popstars der 1960er-Jahre: Mama Cass von den »Mamas & Papas« und Keith Moon, Schlagzeuger von »The Who«.

Es wäre nicht England, hätte man in dieser Wohnung nicht schon diverse Geister gesichtet …

DER SOUNDTRACK DER STRASSE

Der britisch-indische Komponist, Musikproducer und DJ Nitin Sawhney gehört zu den profiliertesten und bekanntesten Persönlichkeiten der Londoner Musikszene. Er spielte mit Sting, arbeitete mit Paul McCartney und mit einem der Großen der asiatischen Musik, Nusrat Fateh Ali Khan. Er mischt asiatische Einflüsse mit elektronischer Musik, mit Jazz und Fusion und schafft einen sehr schönen, eingängigen Musikteppich, der gut zum Stil der indischen Restaurants von Knightsbridge und Mayfair passt. London widmete er mit »London Undersound« 2005 ein ungewöhnliches, aber sehr eingängiges Album, Tube-Geräusche inklusive.

SOUTHALL

Heiße Öfen, kleine Läden und ein Fest des Lichts

Wenn Prince Charles indisch essen geht, dann in Southall, einer kleinen Ecke im Nordwesten Londons. Warum, das erschließt sich erst auf den zweiten Blick. Aber das ist ja häufig so bei den wirklich interessanten Dingen im Leben. Auf den ersten Blick ist nur die Nähe zum Londoner Riesenflughafen Heathrow unüberhörbar. Auf den zweiten Blick entdeckt man in Southall über 30 Restaurants, die die ganze köstliche Vielfalt des indischen Subkontinents anbieten, in einer Qualität und zu Preisen, die weltweit sicherlich unvergleichlich sind.

FRIEDLICHES MITEINANDER

Wer gerne herzhaft und fleischlastig isst, für den sind die muslimischen Restaurants mit ihren heißen Öfen, den Tandoors, eine Offenbarung. Wer lieber indische Hausmannskost auf hohem Niveau probieren möchte, wird sich hier wohlfühlen. Auch Süßschnäbel können ihrer Leidenschaft frönen: Möhrenmarzipan mit Blattsilber oder Safran-Teigkringel sind leckere Hingucker.

Inder, Pakistaner und Bangladescher leben in Southall friedlich und vorbildlich nebeneinander, geeint durch die gleiche Leidenschaft – es zu schaffen. Man respektiert die Religionen und Kulturen der anderen, weil man weiß, dass nur das zum Erfolg führt, ob als Restaurantbesitzer oder als Sariverkäufer.

EINKAUFSPARADIES MAL ANDERS

Southalls Shoppingmöglichkeiten sind ebenfalls staunenswert. Auf oft nur wenigen Quadratmetern und in geschätzten 200 Geschäften werden Tücher, Stoffe, Schmuck und Musik angeboten. Aus Londons Innenstadt und den angesagten Vierteln im East End kommen Modefans und angehende Künstler, um sich inspirieren zu lassen. Sie verleihen dem optisch sonst durchgängig südasiatisch geprägten Viertel etwas von der liebenswerten Londoner Schrägheit. Geheimtipps haben sie nicht: Jedes Geschäft bietet im etwa zweimonatigen Wechsel die identische Ware. Man kauft einfach, wo man am nettesten bedient wird oder wo man den Preis vielleicht noch ein bisschen verhandeln kann.

ESSEN ZUM SCHNÄPPCHENPREIS

Nachbarschaft wird hier noch so gelebt, wie wir das meist nur aus Erzählungen von Eltern oder Großeltern kennen.

Kommt jemand mal nicht über die Runden, springen andere ein, weiß Janpal Singh Basran, ein Sikh, der hier aufgewachsen und für die *community relations* zuständig ist. »Ein leer stehendes Geschäft oder Restaurant ist doch eher geschäftsschädigend.«

Dieser Sinn fürs Geschäft dürfte auch die gleichbleibend hohe Qualität der Restaurants erklären. Inder, Pakistaner und Bangladescher essen hier ebenfalls, und sie erwarten viel. Doch die Preise sind günstig: Man muss schon sehr viel essen, um zu zweit auf eine Rechnung von über £ 30 zu kommen. Deshalb brauchen die Lokale viele Gäste, um über die Runden zu kommen. Das Essen wird im Rekordtempo zubereitet und serviert; nach einer Stunde spätestens sollte man den Tisch wieder verlassen.

WIE ALLES ANFING ...

... ist auch eine spannende Geschichte. Im Aufschwung der Nachkriegszeit suchte man in London händeringend Arbeitskräfte. Der Personalleiter einer Textilfabrik in Southall war während des Kriegs im Punjab stationiert, einer Grenzregion im Norden zwischen Indien und Pakistan. Dort reaktivierte er einfach seine Kontakte. Die Auswanderungswelle lief für beide Seiten prima an.

Die Fabriken gibt es schon längst nicht mehr. Andere Traditionen haben sich etabliert. Jährlich feiern Hindus, Sikhs und Jainas auch fernab der Heimat das höchste Fest ihres Glaubens. Diwali, übersetzt als »Straße der Lichter«, bringt Helligkeit in das emotionale Dunkel, das sich in der vorwinterlichen Jahreszeit schnell aufs Gemüt legt. Vor allen Tempeln flackern Kerzenmeere, man führt die schönsten Saris aus und trifft sich mit Familie und Freunden. Wer einmal Diwali mitfeiern durfte, hat genug Licht getankt für das nächste Jahr (siehe S. 156).

Ein solches Umfeld berauscht durchaus auch ohne Alkohol. Denn Bier, Wein & Co. stehen mit Ausnahme der zwei Spitzenrestaurants »Madhu's« und »Brilliant« nicht auf den Karten.

Fruit sho
WELCOME TO
SOUTHALL
MUSIC AND DANCE

SOUTHALL IM ÜBERBLICK

Auch das ist eine Erfahrung: unweit des Flughafens Heathrow mal das einzige weiße Gesicht zu sein. Southall ist von Einwanderern und deren Lebenskultur geprägt. Die hohe muslimische Präsenz in Southall heißt im Umkehrschluss salopp ausgedrückt: tolle Tücher und Schals. Das soziale Leben findet hier auf der Straße statt, dem Southall Broadway. Bei unserem Spaziergang machen wir einen kleinen Abstecher – zu Fuß, wenn man Londoner Entfernungen gewohnt ist, oder mit dem Bus – in die Western Road. Dort gibt es ein exzellentes Restaurant, das – nomen est omen – »Brilliant«.

1 ROBCO

Alles, was Sie kochtechnisch für die indische Küche brauchen, finden Sie hier.
28 High Street
Tel.: 0044 20 8574 6337

2 RITA'S

Marzipankonfekt mal nicht aus Lübeck
112–114 The Broadway
Tel.: 0044 20 8571 2100
www.ritas.moonfruit.com

WO Nordwesten hinter Ealing

WIE Mit der Tube Piccadilly Line bis Boston Manor, dann mit Bus 195 zur U-Bahn-Haltestelle Southall Police Station. Oder mit dem Zug von Paddington Station nach Southall Station. Tipp für den Abflugtag: Von Southall kommt man rasch mit Bus oder Zug zum Flughafen Heathrow.

WANN Ab 10 Uhr morgens bis ca. 22 Uhr, auch sonntags.

WIESO Das Lieblingsrestaurant von Prince Charles, pikante Tandoor-Küche, Stoffe & Saris, Gewürze, Tempel

WISSENSWERT Nach 22 Uhr Kameras und andere Wertgegenstände wegstecken.

3 JAS

Alle Instrumente für die typische indische Musik, zwischen Sitar und Bhangra
124 The Broadway | Tel.: 0044 20 8574 2686
www.jas-musicals.com

4 GIFTO'S LAHORE KARAHI

Die Klassiker der pakistanischen Küche
162–164 The Broadway | Tel.: 0044 20 8813 8669
www.gifto.com

5 SPICE VILLAGE

Modernes Restaurant mit Tandoor-Öfen
185–189 The Broadway | Tel.: 0044 20 8574 4475
www.spicevillageltd.com

6 MADHU'S

Prince Charles ist ein Fan dieses Restaurants.
39 South Road | Tel.: 0044 20 8574 1897
www.madhusonline.com

7 BRILLIANT

Mein persönlicher Tipp
72–76 Western Road | Tel.: 0044 20 8574 1928
www.brilliantrestaurant.com

8 MANDIR VISHWA HINDU (HINDU-TEMPEL)

Niedlicher Tempel nahe des Restaurants »Madhu's«
2 Lady Margaret Road | Tel.: 0044 20 8574 3870
www.southallmandir.co.uk

9 GURDWARA RAMGARHIA SABHA (SIKH-TEMPEL)

Im ersten Stock wird gebetet, im Erdgeschoss gekocht.
53–57 Oswald Road | Tel.: 0044 20 8574 5635
www.ramgarhia.org

10 MANDIR BAPS SHRI SWAMINARAYAN (HINDU-TEMPEL)

Der erste traditionelle Hindu-Tempel Europas
105–119 Brentfield Road | Tel.: 0044 20 8965 2651
http://londonmandir.baps.org

Southall
SPICE VILLAGE
RITA'S
SWEETS
ROBCO HARDWARE
ELECTRICAL – KITCHENWARE
MADHU'S
MADHU'S
SOUTHALL
THE BROADWAY
UXBRIDGE RD
DANE RD
SAXON RD
GREENFORD AVE
OSWALD RD
ST JOSEPH'S DR
SOUTH RD
AVE RD
VILLIERS RD
RANELAGH RD
WOODLANDS RD
TRINITY RD
TOWNSEND RD
W END RD
HAMBROUGH RD
ABBOTTS RD
THE GREEN
QUEEN'S RD
DUDLEY RD
SUSSEX RD
FEATHERSTONE RD
WESTERN RD
BRIDGE RD
1
2
3
4
5
6
7
8
9
10

KNUSPRIG-SÜSSE VERFÜHRUNG: JALEBI

Da könnte man süchtig werden: frisch ausgebackene knusprige, orangefarbene Spiralen, Jalebi genannt (siehe Rezept S. 133), die vor allem im Restaurant »Moti Mahal« vorzüglich hergestellt werden.

Jalebi sind Allrounder. Sie schmecken gut zu Assam- oder Chaitee, ebenso zu scharfen Dips und sogar zu würzigen Kartoffeln – so werden sie im Norden Indiens als Frühstück serviert. (Eine gute Idee, wenn Sie danach auf dem Bau tätig sind.) Jalebi werden aus Mehl und Kichererbsenmehl mit einer Prise Hefe oder Backpulver zubereitet, in Öl frittiert, anschließend in Zucker-Safran-Sirup getaucht und frisch verzehrt.

Portion Jalebi: ca. £ 2 im »Moti Mahal«, 94 The Broadway

JALEBI

SÜSSE TEIGKRINGEL

Für ca. 10 Stück

FÜR DEN TEIG:
½ TL Trockenhefe
100 g Mehl
1 EL Kichererbsenmehl *(gram)*
1 TL Öl
Zucker

FÜR DEN SIRUP:
200 g Zucker
½ Zitrone
gemahlener grüner Kardamom
1 Döschen Safranfäden (0,1 g)

AUSSERDEM:
1 l Öl zum Frittieren

Zubereitung ca. 30 Min. | Ruhen 1 Std. 15 Min.
Pro Stück ca. 160 kcal

1 Für den Teig die Trockenhefe mit ca. 150 ml warmem Wasser in ein Schälchen geben und 15 Min. quellen lassen, bis sich an der Oberfläche kleine Bläschen bilden.

2 Die Mehle, das Öl, 1 Prise Zucker und die Hefemischung in eine Schüssel geben und verrühren. Den Teig zugedeckt an einem warmen Ort 1 Std. gehen lassen.

3 Für den Sirup in einer großen Pfanne den Zucker in 100 ml Wasser auflösen. Die Zitrone auspressen und den Saft mit 1 Prise Kardamom und den Safranfäden unter den Sirup rühren.

4 Das Öl in einem Topf erhitzen, bis an einem hineingehaltenen Kochlöffelstiel kleine Bläschen aufsteigen. Den Teig glatt rühren und in einen Spritzbeutel mit großer glatter Tülle füllen.

5 Den Teig in Kringeln in das heiße Öl drücken und goldbraun frittieren. Die Kringel herausheben und auf Küchenpapier kurz abtropfen lassen. In den heißen Zuckersirup tauchen und auf einem Teller trocknen lassen. Frisch servieren.

1 ROBCO

Wenn Sie Ihre Gäste stilgerecht indisch bewirten wollen, gehören Thalis dazu, die aus einfachem Blech gefertigten Teller mit Schälchen in diversen Größen bis zum Liliputformat. Sie werden in vielen kleinen Läden entlang des Broadway und seinen Nebenstraßen für ein paar Pfund angeboten. Im Robco, diesem kleinen, sauberen Kruschtelgeschäft, das schon in den frühen 1960er-Jahren gegründet wurde und in dem es authentisch und nicht sehr nach Räucherstäbchen riecht, gibt es überdies eine gute Auswahl an Kochgeräten, alles zu sehr guten Preisen und original verpackt. Das Geschäft liegt gegenüber der Polizeistation und direkt hinter der Bushaltestelle.
Komplettes Thali-Set: ca. £ 10

2 RITA'S

Für Rita's Marzipankonfekt darf man vor Feiertagen gerne eine Stunde Anstehen rechnen. Diese Leckerei besteht aus geriebenen Möhren, Kokosnuss sowie Pistazien und wird mit Blattsilber belegt. Sie schmeckt sehr frisch und gar nicht so süß. Zu Diwali (siehe S. 156) werden Rita's Marzipanpralinen zu Tausenden verkauft – sie sind begehrte Gastgeschenke.
1 Marzipanpraline: ab ca. £ 0,80

3 JAS

Das Musikgeschäft Jas hat ein umfassendes Angebot an authentischen Instrumenten für indische Musik, vor allem eine große Auswahl Sitars für jeden Geldbeutel.

Im vorderen Teil des Geschäfts kann man für wenige Pfund den halben Hindu-Himmel in Form von kleinen Terrakottastatuen erwerben. Besonders gute Laune verbreiten nicht nur der Inhaber Harjit Singh Shah mit seinem sagenhaften Lächeln, sondern auch der Gott Ganesh mit seinem Elefantenrüssel, der vor einem Teller mit Süßigkeiten sitzt. Eine Ganesha-Statue ist ein ideales Mitbringsel für Kochfans.

Wer länger in London bleibt und sich für indische Musik interessiert, dem werden hier auch gerne Lehrer für klassische Instrumente vermittelt.
Statuen: ab ca. £ 2; Sitars: ab £ 200

DER SOUNDTRACK DER STRASSE

In den 1960er-Jahren hatten Einwanderer aus der indisch-pakistanischen Grenzregion Punjab den Bhangra-Tanz mit im Gepäck. Bhangra wurde früher zu Hochzeiten und anderen Feiertagen aufgeführt. Er ist einfach, macht richtig Spaß, ist energiegeladen und erfordert so viel Kondition, dass er mittlerweile sogar in Fitnessstudios getanzt wird. In den 1980er-Jahren machte Southalls jüngere Generation aus dem klassischen Bhangra den British Bhangra, der sich zu einem ansteckenden Disco-Pop entwickelte und mittlerweile weltweit gespielt wird.

4 GIFTO'S LAHORE KARAHI

Linker Hand braten Köche bei hohen Temperaturen hinter Glas und hantieren so geschickt mit riesigen Fleischspießen, als seien sie Samurai. Rechter Hand können bis zu 250 Gäste verköstigt werden. Hier treffen sich kleine Gruppen, Großfamilien und Jungscliquen; für romantische Paare ist es viel zu laut und öffentlich.

Das »Gifto's« ist der beste Ort für die Klassiker der pakistanischen Küche, zum Beispiel für Gerichte aus dem *karahi*, dem schwarz glänzenden Miniwok. Alles wird frisch zubereitet und hat eine feine Schärfe.
Gerichte: ab ca. £ 1,50

Karahi, pakistanische Miniwoks

PURI

LUFTIGE KNUSPERBÄLLCHEN

Für ca. 25 Stück
150 g Chapati-Mehl *(atta;* ersatzweise Weizenmehl, Type 405)
Salz (nach Belieben)
Öl und Mehl zum Arbeiten
1 l Erdnuss- oder Maiskeimöl zum Frittieren

Zubereitung ca. 30 Min.
Pro Stück ca. 40 kcal

1 Das Mehl mit ca. 8 EL warmem Wasser und etwas Salz nach Belieben in eine Schüssel geben und mit eingeölten Händen zu einem festen Teig verkneten. Den Teig zugedeckt ca. 10 Min. ruhen lassen.

2 Inzwischen das Öl in einem Topf erhitzen, bis an einem hineingehaltenen Kochlöffelstiel kleine Bläschen aufsteigen.

3 Den Teig auf der bemehlten Arbeitsfläche hauchdünn ausrollen – am besten geht das mit der Nudelmaschine. Mit einem Ausstecher oder Glas Kreise von ca. 5 cm Durchmesser ausstechen. Die Teigkreise ins heiße Öl gleiten lassen und mit dem Schaumlöffel leicht nach unten drücken, bis sie sich aufblähen.

4 Die luftigen Knusperbällchen herausheben, auf Küchenpapier abtropfen lassen und noch heiß mit Tamarinden-Chutney (siehe S. 30) servieren.

KARAHI CHICKEN

HÄHNCHEN IN WÜRZIGER TOMATENSAUCE

Ein Klassiker aus der pakistanischen Punjab-Küche, das in einer Art Wok (karahi) *zubereitet wird.* Karahi, *die wie flache Schalen aussehen, bekommen Sie im »Robco«* *(siehe S. 134)**, Holzständer zum Abstellen auf dem Tisch ebenfalls.*

Für 4 Personen
1 Stück Ingwer (ca. 4 cm)
2 Knoblauchzehen
600 g Hähnchenfleisch (Filets oder entbeinte Schenkel)
2 Zwiebeln
2 grüne Chilischoten
4 EL Öl
½ TL Kurkumapulver *(haldi)*
½–1 TL Chilipulver *(deggi mirch)*
500 g Tomaten
Salz
1 Bund Koriander

Zubereitung ca. 1 Std. | Marinieren 1 Std.
Pro Portion ca. 295 kcal

1 Ingwer und Knoblauch schälen und fein hacken. 1 EL Ingwer für die Garnierung beiseitestellen. Den restlichen Ingwer und den Knoblauch im Mörser oder mit der Gabel zu einem Mus zerdrücken.

2 Das Hähnchenfleisch kalt abbrausen, trocken tupfen und in mundgerechte Würfel schneiden. Das Fleisch mit dem Ingwer-Knoblauch-Mus in einer Schüssel mischen und zugedeckt mindestens 1 Std. im Kühlschrank marinieren.

3 Die Zwiebeln schälen und in kleine Würfel schneiden. Die Chilischoten waschen und trocken tupfen. Das Öl in einem Wok oder großen Topf erhitzen. Zwiebeln, Chilischoten, Kurkuma- und Chilipulver darin ein paar Minuten erwärmen, bis es aromatisch duftet.

4 Die Tomaten waschen, halbieren und die Stielansätze entfernen. Die Hälften in grobe Stücke schneiden und zu den Gewürzen geben. Aufkochen und die Tomaten zugedeckt köcheln lassen, bis sie zerfallen. Mit Salz würzen.

5 Das Fleisch samt Marinade zu den Tomaten geben und in ca. 10 Min. gar köcheln lassen.

6 Den Koriander abbrausen und trocken schütteln, die Blätter abzupfen und hacken. Das Karahi Chicken mit den Korianderblättern und dem restlichen Ingwer bestreuen. Dazu passt Reis oder Naanbrot (siehe S. 147).

5 SPICE VILLAGE

Mohammed Ibrar Khan verkörpert eine pakistanisch-englische Erfolgsgeschichte. Erst seit drei Jahren lebt der 40-Jährige, der aus Rawalpindi stammt, in London. Doch er spricht perfektes Englisch und hat mit seinen drei Schwägern ein äußerst erfolgreiches Tandoor-Restaurant der neuen Art aufgezogen.

Die Küche ist für ihre gelungenen Würzmischungen, ihre Fleischspieße und für ein Fischgericht bekannt, das Gäste aus der ganzen Stadt anzieht. »Mit unserem Fish Masala haben wir das Restaurant finanziert«, sagt der Inhaber unnachgiebig lächelnd auf unsere Bitte nach dem Rezept. »Das Rezept kenne noch nicht mal ich, nur der Chefkoch und unser Bankschließfach.«

Mit seiner Rundumverglasung, 140 Sitzplätzen, einer Showküche und zwei Tandoor-Öfen (in einem wird nur Brot gebacken) ist das »Spice Village« typisch für die modernen Punjabi-Restaurants.

Gerichte: ab £ 2

SHAHI PANEER MASALA

CREMIGES MASALA MIT KÄSE

Shahi Paneer ist ein Festtagsgericht mit Paneer, einer Art festem Frischkäse. Er wird aus religiösen Gründen im Gegensatz zu unseren heimischen Käsesorten ohne Lab zubereitet. Halloumi, den es in türkischen Lebensmittelgeschäften und größeren Supermärkten gibt, ist die beste Alternative.

Für 4 Personen
2 EL Cashewkerne
1 grüne Chilischote
1 Stück Ingwer (ca. 1 cm)
2 Zwiebeln
3 EL Öl
1 TL Kreuzkümmelsamen *(jeera)* X
1 Msp. Asafoetida *(hing)* X
1 Lorbeerblatt
½ TL Paprikapulver (rosenscharf)
½ EL gemahlener Koriander *(dhania)* X
½ TL Kurkumapulver *(haldi)*
1 Msp. Chilipulver
1 Msp. Garam Masala
Zucker
2 Tomaten
250 g Naturjoghurt
250 g Paneer (siehe Tipp; ersatzweise Halloumi oder ausgedrückter Hüttenkäse)
1 kleines Bund Koriander

Zubereitung ca. 30 Min.
Pro Portion ca. 210 kcal

1 Die Cashewkerne fein hacken. Die Chilischote putzen, dabei nach Belieben die scharfen Kerne entfernen, waschen und fein hacken. Den Ingwer schälen und fein reiben. Die Zwiebeln schälen und in kleine Würfel schneiden.

2 Das Öl in einer Pfanne erhitzen und die Zwiebeln mit den Gewürzen und 1 Prise Zucker darin in ca. 5 Min. glasig dünsten. Cashewkerne, Chili und Ingwer dazugeben und alles ca. 3 Min. dünsten lassen.

3 Die Tomaten kreuzweise einschneiden und kurz in kochendes Wasser tauchen, abschrecken und die Haut abziehen. Die Tomaten halbieren, Stielansätze entfernen und die Hälften fein hacken. Mit dem Joghurt unter die Sauce mischen und 5–10 Min. köcheln lassen.

4 Den Paneer in ca. 2 cm große Würfel schneiden und in der Sauce erwärmen.

5 Den Koriander abbrausen und trocken schütteln, die Blätter abzupfen und über das Paneer Masala streuen.

PANEER SELBST GEMACHT

Sie können Paneer ganz einfach selbst zubereiten: 1 l Milch erhitzen. Den Saft von 1 Zitrone portionsweise in die heiße Milch rühren, bis sie gerinnt. Die Flüssigkeit durch ein mit einem Passiertuch ausgelegtes Sieb gießen. Das Passiertuch oben fest zusammendrehen. Die Masse mit einem Gewicht (Konservendose oder Mörser) beschweren und 1–2 Std. abtropfen lassen. Dann den schnittfesten Paneer aus dem Tuch wickeln.

CHICKEN BIRYANI

REISGERICHT MIT HÄHNCHEN

In Pakistan und Indien werden für dieses Gericht oft Hähnchenstücke mit Knochen verwendet, an denen man dann bei Tisch genüsslich herumzuzeln kann. Im »Spice Village« wird das entbeinte Fleisch auf Spieße gesteckt, im Tandoor-Ofen gebraten und zum Reis serviert.

Für 6 Personen
500 g Hähnchenbrustfilet (ohne Haut)
1 Stück Ingwer (ca. 4 cm)
1 große Knoblauchzehe
3 EL Joghurt
½ TL Kurkumapulver *(haldi)*
½ TL Chilipulver *(deggi mirch)*
½ TL Kardamompulver *(dhania)*
Salz
250 g Basmatireis
1 Döschen Safranfäden (0,1 g)
1 kleines Bund Koriander
2 grüne Chilischoten
2 kleine Zwiebeln
4 EL Ghee oder Butterschmalz
2 Tomaten
1 TL Garam Masala

Zubereitung ca. 35 Min. | Marinieren ca. 2 Std.
Pro Portion ca. 315 kcal

1 Das Hähnchenfleisch kalt abbrausen, trocken tupfen und in ca. 3 cm große Würfel schneiden.

2 Ingwer und Knoblauch schälen. Den Ingwer auf der Küchen- oder Ingwerreibe fein reiben, den Knoblauch fein hacken und beides verrühren. Die Mischung mit dem Joghurt und den restlichen Gewürzen sowie Salz in eine Schüssel geben. Das Fleisch hinzufügen, alles gut mischen und zugedeckt mindestens 2 Std. im Kühlschrank marinieren.

3 Den Reis nach Packungsangabe in Salzwasser weich garen, dabei die Safranfäden dazugeben.

4 Den Koriander waschen und trocken schütteln, die Blätter abzupfen und fein zerpflücken. Die Chilischoten putzen, dabei nach Belieben die scharfen Kerne entfernen, waschen und fein hacken. 1 Zwiebel schälen und in kleine Würfel schneiden. In einer großen Pfanne 2 EL Ghee erhitzen und die Chilis mit der Zwiebel darin ca. 5 Min. anbraten.

5 Das Fleisch mit der Marinade unter die Chili-Zwiebel-Mischung rühren und offen einige Min. garen. Die Tomaten waschen, halbieren und die Stielansätze entfernen. Die Hälften in kleine Stücke schneiden und ca. 10 Min. mitköcheln lassen, bis das Fleisch weich ist. Mit Garam Masala würzen.

6 Die restliche Zwiebel schälen, halbieren und in dünne Scheiben schneiden. Das restliche Ghee in einer kleinen Pfanne erhitzen und die Zwiebel darin in ca. 8 Min. knusprig braten.

7 Den Reis mit dem Koriander und den Röstzwiebeln mischen und salzen. Den Reis auf Teller verteilen und das Fleisch mit der Sauce darauf anrichten.

TANDOORS: HEISSE ÖFEN

Der Tandoor-Ofen ist eine Erfindung der Araber und bis heute in der ganzen muslimischen Welt als Grill- und Backofen verbreitet. Der bauchige Tonofen ist oben und unten offen. Unten brennt ein offenes Feuer aus Holzkohle. Blickt man von oben in den Tandoor, sieht man die Helligkeit dieses Feuers, das die Wände erhitzt und orangegelb leuchten lässt. In Wohnhäusern werden Tandoors oft in den Küchenboden oder in die Wand eingelassen; die Restwärme wird dann wie früher bei unseren Herden als Zimmerwärme genutzt.

Je nach Klima setzt man den Tandoor auch als Kochstelle unter freiem Himmel ein. Das Grillgut wird direkt in den Ofen gesteckt und nicht wie bei uns über die Feuerstelle gehängt. Das erfordert natürlich Geschicklichkeit. Idealerweise überträgt sich das rauchige Aroma der Holzkohle auf das Grillgut und gibt ihm zusätzliche Würze. Da das Grillen im Tandoor schnell geht, bereiten gute Restaurants Tandoor-Gerichte ausschließlich auf Bestellung ganz frisch zu.

DER BROTBACKOFEN

Auch Brot wird im Tandoor gebacken. Vor allem in Nordindien, wo Reis wegen des trockenen Klimas nicht gut gedeiht, ist Brot ein Grundnahrungsmittel. Die Brot-Klassiker sind Roti oder Chapati, dünne Fladen aus Vollkornmehl, und das luftige Naan (siehe S. 147), das mit Hefe und oft auch mit Milch hergestellt wird. Als Spezialität gibt es würzige Roomali, die aus hauchdünnem Roti-Teig bestehen, knusprig gebacken und zu »Taschentüchern« zusammengelegt werden (siehe S. 62/63). Das Restaurant »Madhu's« reicht Roomali zu Dips.

Pikante Brote werden oft mit Bockshornklee *(methi roti)* oder Knoblauch *(garlic naan)*, süße Brote mit Kokosnuss, Mandeln oder Sesamsamen *(peshwari naan)* aromatisiert. Frisch gebackene Brote aus dem Tandoor-Ofen verströmen einen unvergleichen Duft, den man am liebsten als Parfüm abfüllen möchte – aromatisch, leicht süßlich und ein bisschen rauchig.

Mariniert in einer Joghurt-Gewürz-Mischung, werden Fleischstücke aus dem Tandoor-Ofen besondert zart. Auf Spieße gesteckt, haben sie ausreichend Abstand zur Glut.

NAAN

INDISCHES FLADENBROT

Für 4 Stück
100 ml Milch
½ Päckchen Trockenhefe
2 EL Zucker
2 EL Öl
300 g Mehl
100 g Naturjoghurt
Salz

Zubereitung ca. 15 Min. | Ruhen 1 Std.
Pro Stück ca. 355 kcal

1 Die Milch in einem kleinen Topf leicht erwärmen, dann die Hefe und den Zucker unterrühren. 10 Min. stehen lassen, bis sich an der Oberfläche Blasen bilden.

2 Eine Schüssel mit Öl einfetten. Das Mehl, den Joghurt, etwas Salz und das restliche Öl mit der Hefemilch in einer zweiten Schüssel zu einem festen Teig verkneten. Den Teig in die geölte Schüssel geben und zugedeckt an einem warmen Ort ca. 1 Std. ruhen lassen, bis er sein Volumen etwa verdoppelt hat.

3 Den Backofen auf 200° vorheizen. Den Teig durchkneten, vierteln und aus jeder Portion einen länglichen Fladen formen. Die Fladen mit den Fingerknöcheln leicht eindrücken.

4 Die Fladen auf ein mit Backpapier ausgelegtes Backblech legen und im Backofen (Mitte) ca. 8 Min. backen, bis die Unterseite leicht gebräunt ist.

SANJAY ANAND: KÖNIGLICHER VERDIENSTORDEN FÜR SEINE AFRIKANISCH INSPIRIERTE INDIEN-KÜCHE

6 MADHU'S

Im indischen Lieblingsrestaurant von Prince Charles wird mit kenianischem Einschlag gekocht. Das ist durchaus nicht verwegen: Afrika und Indien liegen beide am Indischen Ozean und waren schon im Altertum durch Handelswege verbunden. Anfang des 19. Jahrhunderts wurden Arbeiter aus dem damaligen Britisch-Indien eher unfreiwillig zum Bau der Eisenbahn nach Kenia geschickt. Wer es überlebte, ließ sich in Nairobi nieder – meist mit wirtschaftlichem Erfolg.

VON DER PIEKE AUF GELERNT

Auch Sanjay Anand, der das »Madhu's« führt, stammt aus Nairobi. Unter ihm wurde das Restaurant zu einer Institution weit über Southalls Grenzen hinaus. Mit einer eigenen Catering-Abteilung hat es sich auf die sagenumwobenen glanzvollen indischen Hochzeiten spezialisiert und betreut zudem erfolgreich Großveranstaltungen. Lamm-Chops aus dem Tandoor-Ofen und King Prawns in einer scharfen Sauce *(makhanie)* gehören zu den Markenzeichen des Restaurants. Die Erfolge haben Sanjay Anand sogar einen königlichen Verdienstorden beschert.

»Ich habe das von der Pieke auf gelernt«, sagt Anand. »Mit 16 Jahren hatte ich schon so viel Erfahrung im Catering-Business gesammelt, dass mir mein Vater die Verantwortung für große Events mit Hunderten von Gästen überließ. Als Cliff Richard 70 wurde, beauftragte er mein Team mit dem Catering für seine Geburtstagsfeier.«

FEINE SPEISEN, EDLES AMBIENTE

Im »Madhu's« geht es viel edler zu als sonst in Southall – angefangen von der Ausstattung bis zum Anrichten der Speisen und der Kleidung der Gäste, sogar eine Weinkarte fehlt nicht. Dafür kommen die Gäste abends sogar aus dem Zentrum Londons angereist. Chefkoch Rakesh Shamar (29) ist übrigens fast so *dishy* (attraktiv) anzusehen wie seine Gerichte.

Tipp: An der 5 Min. entfernten Southall Station hält der Vorortzug; abends kommt man so am angenehmsten zurück in die Stadt.

World Cup
CAPTAINS

DIPNA ANAND GIBT IHR KÜCHENWISSEN IN KOCHKURSEN AN DIE GÄSTE WEITER.

7 BRILLIANT

London, so groß es auch ist, besteht eigentlich aus vielen kleinen Dörfern, die jeweils eine Hauptstraße haben. Aber oft sind diese *high streets* mit den immer gleichen Niederlassungen internationaler Ketten langweilig, gar seelenlos geworden. Auf der anderen Seite der Southall Station, etwa 20 Minuten Fußweg von Southall Broadway entfernt, gibt es mit der King Street zur Abwechslung mal eine gelungene Hauptstraße. Sie ist überschaubar, sauber, hat Geschäfte für alles, was man so braucht, vom Obst bis zu den Ohrringen. Ganz in der Nähe liegt das »Brilliant«, das der gestrenge Spitzen- und TV-Koch Gordon Ramsay (sein TV-Format wurde in Deutschland erfolgreich von Christian Rach kopiert) zu einem der besten Nachbarschafts-Restaurants des Landes erklärte.

EIN FAMILIENBETRIEB

Das »Brilliant« wird geführt von Papa Gula und Tochter Dipna. Gula Anand, Cousin von Sanjay Anand aus dem »Madhu's« (siehe S. 149), kam 1972 mit seinen Eltern aus Kenia nach London. Anfangs kochte die Familie nur für die Nachbarschaft und deren Feste.

Nach Jahrzehnten harter Arbeit und drei räumlichen Erweiterungen können im »Brilliant« über 250 Gäste verköstigt werden, und auf der Getränkekarte stehen französische Weine. Der Papa kann sich nun etwas mehr dem Sport widmen, und die zielstrebige und überaus telegene Dipna startet nach einem erfolgreichen Universitäts-Studium als Dozentin und neues Fernsehgesicht für indische Küche durch.

Die abgelegene Lage des Restaurants hat auch Vorteile. »Wir sind ein *destination restaurant*«, erklärt Gula Anand. »Zu uns kommt niemand zufällig. Wir haben nur Gäste, die wissen, wie es richtig indisch schmeckt.« Dann präsentiert er stolz seinen Cricket-Schläger, den sämtliche Größen des indischen Subkontinents wie zum Beweis signiert haben.

TIPP: Die hauseigenen Würzmischungen und Chutneys kann man auch für zu Hause kaufen. Besonders empfehlenswert: Garam Masala und Limetten-Chutney.
Hauptgerichte: ab ca. £ 5

KOCHKURSE

Als das »Brilliant« an einem Sonntag, an dem das Restaurant normalerweise geschlossen ist, mal einen Kochkurs anbot, war die Nachfrage riesig. Mittlerweile gibt es an mindestens zwei Sonntagen im Monaten Kochkurse. Sie sind mit ca. £ 100 zwar längst nicht so billig wie das Essen hier, dafür aber sehr klein und *hands on*. Jeder Teilnehmer hat seinen eigenen Koch aus der Küche des »Brilliant«. Dipna Anand, die gerade an einem Kochbuch arbeitet und die Gründung einer Kochschule plant, führt durch den mehrstündigen Kurs. Und natürlich darf man das selbst gekochte Essen (reicht für 3 – 4 Personen) anschließend mitnehmen.
Anmeldungen unter dipnaanand@aol.com

ALU CHOLLAY

KICHERERBSENCURRY

Kichererbsen, Kartoffeln und reichlich Masala-Aroma – das ist klassisches comfort food. *Dieses Curry steht seit Eröffnung des Restaurants in den 1970-er Jahren auf der Speisekarte. Es ist ganz einfach zuzubereiten und dank seiner gemäßigten Schärfe ein gutes Einsteigerrezept.*

Für 4 Personen
1 Zwiebel
8 EL Öl
1 TL Kreuzkümmelsamen *(jeera)*
1 Stück Ingwer (ca. 2 cm)
1 Knoblauchzehe
1 kleine Chilischote
300 g Tomaten
1 TL Kurkumapulver *(haldi)*
1 Msp. Chilipulver *(deggi mirch)*
Salz
1 EL Butter
2 Kartoffeln
350 g gekochte Kichererbsen (selbst gekocht, siehe S. 176, oder aus der Dose)
1 TL Granatapfelpulver *(anardana)*
1 Msp. Mangopulver *(amchoor)*
1 kleines Bund Koriander
1 TL Garam Masala

Zubereitung ca. 55 Min.
Pro Portion ca. 515 kcal

1 Die Zwiebel schälen und in kleine Würfel schneiden. Das Öl in einer Pfanne erhitzen und die Kreuzkümmelsamen darin kurz braten, bis sie aromatisch duften. Die Zwiebel dazugeben und in ca. 8 Min. goldbraun dünsten.

2 Inzwischen Ingwer und Knoblauch schälen, fein hacken und im Mörser oder mit einer Gabel zerdrücken. Die Chilischote putzen, dabei nach Belieben die scharfen Kerne entfernen, waschen und fein hacken. Chili mit Ingwer-Knoblauch-Mus zu den Zwiebeln geben und kurz erwärmen.

3 Die Tomaten kreuzweise einschneiden und kurz in kochendes Wasser tauchen, abschrecken und die Haut abziehen. Die Tomaten halbieren und die Stielansätze entfernen. Das Fruchtfleisch fein hacken, zu der Zwiebelmischung geben und alles 2 Min. köcheln lassen.

4 Kurkuma und Chilipulver zu den Tomaten geben, salzen und mit dem Stabmixer fein pürieren. Die Butter unterrühren und die Sauce 10–12 Min. köcheln lassen, dabei, falls nötig, noch etwas heißes Wasser angießen.

5 Die Kartoffeln schälen, waschen und in ca. 1 cm große Würfel schneiden. In einem Topf mit wenig Wasser in ca. 5 Min. weich garen. Mit den abgetropften Kichererbsen sowie Granatapfel- und Mangopulver zu den Tomaten geben und erwärmen.

6 Den Koriander abbrausen und trocken schütteln, die Blätter abzupfen, fein hacken und mit dem Garam Masala über das Kichererbsencurry streuen.

WENIG SALZ

Dipna Anand kocht aus gesundheitlichen Gründen relativ salzarm. Deshalb gibt sie auch kein Salz ins Kartoffelkochwasser.

MASALA CHICKEN

HÄHNCHEN-MASALA

Dieses Rezept stammt von Dipnas Großvater, der in Kenia Chefkoch in einem großen Hotel war, bevor er mit seiner Familie nach London übersiedelte. Der Bockshornkleesamen wird wie überall in der indischen Küche im Ganzen ins Gericht gegeben, aber Sie können ihn auch mörsern.

Für 4 Personen
1 Zwiebel
10 EL Öl
1 TL Kreuzkümmelsamen *(jeera)*
250 g Tomaten
1 TL Kurkumapulver *(haldi)*
Salz
Pfeffer
1 Stück Ingwer (ca. 2 cm)
1 Knoblauchzehe
400 g Hähnchenbrustfilet
1 EL Butter
½ TL Chilipulver *(deggi mirch)*
1 TL Garam Masala
1 TL Bockshornkleesamen *(methi)*
1 kleines Bund Koriander

Zubereitung ca. 1 Std.
Pro Portion ca. 375 kcal

1 Die Zwiebel schälen und in kleine Würfel schneiden. Das Öl in einer großen Pfanne erhitzen und die Kreuzkümmelsamen darin kurz braten, bis sie duften. Die Zwiebel dazugeben und in ca. 10 Min. goldbraun dünsten.

2 Die Tomaten kreuzweise einschneiden und kurz in kochendes Wasser tauchen, abschrecken und die Haut abziehen. Die Tomaten halbieren und die Stielansätze entfernen. Das Fruchtfleisch fein hacken, zu den Zwiebeln geben und ein paar Min. köcheln lassen. Alles mit dem Stabmixer fein pürieren. Die Tomatensauce mit Kurkumapulver, Salz und Pfeffer würzen und ca. 10 Min. köcheln lassen.

3 Ingwer und Knoblauch schälen und fein hacken, im Mörser oder mit der Gabel zerdrücken. Das Hähnchenfleisch kalt abbrausen und trocken tupfen, in mundgerechte Stücke schneiden und mit der Butter, der Ingwer-Knoblauch-Mischung und dem Chilipulver unter die Tomatensauce rühren. Alles ca. 12 Min. köcheln lassen, bis das Fleisch gar ist, dabei falls nötig noch etwas heißes Wasser angießen.

4 Das Garam Masala und den Bockshornkleesamen unter das Hähnchen-Masala rühren. Den Koriander abbrausen und trocken schütteln, die Blätter abzupfen und fein hacken. Das Masala Chicken mit dem Koriander bestreuen und mit Reis oder Naan (siehe S. 147) servieren.

Hauseigene Chutneys als Souvenirs

DIWALI – DAS FEST DES LICHTS

Hindus, Sikhs und Jainas, zusammen fast eine Milliarde Menschen, feiern jedes Jahr ein Fest, das man am besten als eine Mischung aus Weihnachten und Neujahr beschreiben kann. Es beginnt am 15. Tag des Hindumonats *kartik*, der sich nach dem Lauf des Mondes richtet und zwischen Ende Oktober und Anfang November liegt. Diwali – einfach übersetzt als Straße der Lichter – ist tatsächlich ein einziges Lichtermeer, manchmal auch von Feuerwerk begleitet und immer die beste Gelegenheit für große Familientreffen. Es symbolisiert Neubeginn, Besinnung auf traditionelle Werte, wie Liebe, Vergebung und gute zwischenmenschliche Bande. Mit Neubeginn sind aber durchaus auch wirtschaftliche Chancen gemeint. So lässt man sich an Diwali, das je nach Portemonnaie und Feiervermögen bis zu fünf Tagen dauert, die neuen Auftragsbücher segnen.

Die positive Stimmung wirkt auch auf Nichtgläubige überaus inspirierend, und so ist es schön, dass sie bei diesem Fest nicht ausgeschlossen, sondern sogar herzlich willkommen sind.

BESINNLICH UND HEITER ZUGLEICH

In einem der größten traditionellen Hindu-Tempel der Welt, nicht weit weg von Southall, ist Diwali ein fröhliches Volksfest. Großfamilien reisen aus dem ganzen Land an, um der Lichtzeremonie beizuwohnen und um die essbaren Opfergaben zu bestaunen, die von einem Heer Freiwilliger kunstvoll gekocht und präsentiert werden. Die Gerichte werden am Abend von Tausenden Gläubigen gemeinsam verzehrt; was sich länger hält, wird an die Armen verschenkt. Ein Besuch in einem der Tempel, ob im Miniformat oder gigantisch, lohnt sich.

8 MANDIR VISHWA HINDU

Ein kleiner, niedlicher Hindu-Tempel, in Sichtweite des »Madhu's« und der Klamottenläden. Die Schuhe werden in einem Nebenraum ordentlich übereinandergestapelt.

9 GURDWARA RAMGARHIA SABHA

Auch in unseren Kirchen gibt es Armenspeisung, aber Orte wie dieser, wo im ersten Stock gebetet und im Erdgeschoss gekocht wird, sind selten. Freiwillige wie Mr. Balbir stehen jeden Tag in der Küche dieses Sikh-Tempels und verarbeiten Lebensmittelspenden vom Sack Zwiebeln bis zum Gewürzdöschen Masala zu einfachen, sättigenden Gerichten, die mittags kostenlos ausgegeben werden. Natürlich ist diese Suppenküche für Bedürftige gedacht, aber wenn Sie eine Spende in Form von Naturalien oder Münzen machen, wird man Sie nicht abweisen. Im Gegenteil: Mitmenschlichkeit und Gastfreundschaft sind hohe Werte in diesem Glauben, und so fühlen sich hier auch abgekämpfte Bauarbeiter wohl, die einfach nur bei einer Tasse Tee zusammensitzen wollen.

Wie in allen Tempeln gilt hier das Gebot, die Schuhe auszuziehen. Frauen werden zudem gebeten, den Kopf zu bedecken. Ein einfacher Schal ist ausreichend – und ein gutes Argument für einen Schal-Shopping-Trip.

Nehmen Sie von den Speisen bitte nur so viel, wie Sie wirklich essen werden. Denn einen nicht vollständig geleerten Teller abzugeben, gilt unter Sikhs als Sünde.

10 MANDIR BAPS SHRI SWAMINARAYAN

Dieser Hindu-Tempel ist einer der größten außerhalb Indiens. Erstaunlicherweise wurde in dem Marmorbau, der an ein gigantisches Zuckerwerk erinnert, weder Eisen noch Stahl verbaut. Indische Facharbeiter stellten zahllose Einzelteile her, die dann vor Ort zu einem Ganzen zusammengesetzt wurden. Trotz seiner Ausmaße ist der Tempel ein Ort der Ruhe und Entspannung.

SUN
FRESH FRUITS

FRESH
11-13 CARLTON TERRACE
VEGETABLES & GROCERIES
EE HOME DELIVERY
Sunflower oil

H 100 1
HAROLD RD
E.13

GREEN STREET

Spätere Heirat nicht ausgeschlossen

Green Street gilt auch unter Londonern als Geheimtipp. Man wollte diese Straße schon längst mal besucht haben, wegen der hausgemachten vegetarischen Küche, der tollen Stoffläden, des prächtigen Modeschmucks und der Zedrat-Zitronen, die es dort gibt. Oder weil man zum Auftakt eines Spiels des Fußballclubs West Ham eine der schönsten Fußballhymnen des Königreichs mal live mitsingen möchte: »*I'm forever blowing bubbles …*«

Dabei ist Green Street auf den ersten Blick eine ganz typische Londoner Hauptstraße. Die Menschen, die drumherum wohnen, kaufen hier vom Amaranthblatt über die Bittergurke bis zur Zahnpasta alles ein, was sie für das tägliche Leben benötigen. Sie können ins Kino gehen, zum Friseur, zum Pfandleiher, zum Schlachter oder sich ein vergängliches Tattoo, ein *mendhi*, malen lassen. Jedes Londoner Viertel hatte früher eine so auf die Bedürfnisse ihrer Bewohner abgestimmte Hauptstraße, High Street oder Broadway genannt. Heute sind viele Londoner Straßen jedoch von Kettengeschäften geprägt und längst nicht mehr von Läden, die ihnen einen unverwechselbaren Charakter geben.

ASIATISCHE EINWANDERER

Auch Green Street hätte so enden können. In den 70er-Jahren wollte sich eine ganze Generation englischer Ladeninhaber zur Ruhe setzen und fand innerhalb der eigenen Familie keine Nachfolger, denn das Geld aus dem Einzelhandel war und bleibt hart verdient.

Doch unter den Einwanderern gab es Interessenten. Bhanji Gokaldas, heute 93 Jahre alt, war der erste unter ihnen. Der Goldschmied hatte Indien 1950 verlassen und sich in Nairobi als Juwelier niedergelassen. 1975 lockten ihn »die glitzernden Lichter der Weltstadt London«. Er machte das erste asiatische Geschäft in der Green Street auf und hatte Erfolg mit seinem aufwendigen Hochzeitsschmuck, den man hier noch nicht kannte. Diesen Zulauf bemerkten andere asiatische Einwanderer. »Wir sind Herdentiere«, erklärt sein Enkel, der das Geschäft in dritter Generation erfolgreich führt. »Einer hat Erfolg, also kommt der Nächste und kopiert ihn ganz einfach.«

ALLES FÜR DIE BOLLYWOOD-HOCHZEIT

Nur etwa fünf Jahre dauerte es, dann war aus einer klassischen englischen Hauptstraße eine Hauptstraße mit ausschließlich asiatischen Geschäften geworden. Weitere Juweliere zogen in die Green Street. Es folgten Stoffgeschäfte, die Hochzeitssaris und Maßanzüge anfertigten. Und aus dieser Konzentration von Geschäften auf einer relativ unbedeutenden Straße im East End wurde die führende internationale Adresse für alles, was man für eine Bollywood-Hochzeit braucht.

Denn nicht nur vermögende Inder aus den indischen Hochburgen des Königreichs, aus Leicester, Wolverhampton und Manchester, decken sich in der Green Street für ihre opulenten Events ein. Auch Amerikaner indischer Abstammung findet man hier. Sie checken im Ritz ein und lassen sich dann per Chauffeur in die Green Street fahren, um ihre Einkaufsliste abzuarbeiten, bevor sie weiter nach Mumbai fliegen. Trotzdem sieht Green Street nicht wie eine Prachtstraße im West End aus. Erst in den Seitenstraßen sieht man das Geld – dort parken Maseratis, Bentleys, BMWs und Range Rover.

VEGETARISCH VOM FEINSTEN

1975 machte auch der erste asiatische Take-away mit vegetarischen Gerichten auf, das »Chawallah«. Mittlerweile ist aus dem bescheidenen Take-away ein Restaurant mit 60 Sitzplätzen geworden. Vegetarisch ist es geblieben. Heute leitet es Vijays Enkel Dhiren Sanghani (25).

Doch es sind nicht nur Hochzeitsshopper, die sich hier bei einem Thali (siehe S. 170) stärken, bevor sie den Heimweg antreten. Hier trifft man teetrinkende brummelnde alte Cockneys, die sich noch erinnern können, wie Green Street vor 60 Jahren aussah, ernsthafte Vegetarier, die Engbedrucktes lesen, und Schlachtenbummler, die sich vor einem Heimspiel ihres Fußballclubs West Ham mit einem herzhaften Masala Dosa Mut anfuttern.

GREEN STREET IM ÜBERBLICK

Würde man Green Street in einem einzigen Laden zusammenfassen, wäre dieser vorne links mit dicken aromatischen Bunden Koriandergrün und leuchtend grünem Spinat, mit Kichererbsenmehl und frischen Datteln, winzigen Limetten und zahllosen Gewürzen bestückt. Vorne rechts hingen Paschminas in allen erdenklichen Farben, farblich perfekt kombiniert mit den klingelnden Armreifen aus dünnem Glas oder Metall, die jede indische Frau trägt. Weiter hinten im Laden gäbe es dann Filmmusik aus Bollywood und Saristoffe zu kaufen und noch weiter hinten läge, wieder links, das Atelier, in dem sich Mann seinen *sherwani*, den Hochzeitsanzug, schneidern ließe, während rechts ein ernst dreinblickender Herr säße, der opulenten, schweren Goldschmuck auf eine Juwelierwaage legen und dann nach Gewicht verkaufen würde. Vielleicht trägt er ja einen Fan-Schal in den Vereinsfarben von West Ham, Bordeauxrot und Himmelblau … Denn in Green Street ist das East End der Cockneys von einst noch immer präsent.
Nachfolgend eine kleine, aber feine Auswahl aus den über 100 Geschäften und Restaurants auf dieser Straße.

WO East End

WIE Mit der Tube, den Linien Hammersmith and City oder District; Haltestelle: Upton Park.

WANN Ab 11 Uhr morgens bis in den Abend, auch sonntags.

WIESO Vegetarische Küche, Modeschmuck, Stoffe & Saris, günstiges frisches Obst und Gemüse, alles für die asiatische, aber auch für die afrikanische Hausmannskost.

WISSENSWERT Wer englische Schlachtenbummler auf dem Festland erlebt hat und sich dabei unwohl fühlte, sollte die Green Street bei den Heimspielen von West Ham United meiden. Es wird sehr, sehr voll und manchmal ungemütlich.

1 QUEENS MARKET

Traditioneller Markt mit einer Bandbreite, wie man sie vom Festland nicht kennt – alles zwischen TK-Fisch und Nagellack
Gleich rechts neben der U-Bahn-Station Green Street

2 CRYSTAL FANCY SHOES

Strass und Schuhe in allen Farben des Regensbogens; auch für Kinder
288 Green Street | Tel.: 0044 20 8552 9912

3 BEES

Männer müssen draußen bleiben. Denn die farblichen Nuancen der Armreifen und Ringe (alles nur für ein paar Pfund) erkennen sie nicht …
296–298 Green Street | Tel.: 0044 20 8470 0600
www.shopbees.com

4 PUREJEWELS

Hier fertigt man auch auf Bestellung. Das Design ist moderner als das traditioneller indischer Schmuckgeschäfte.
290–292 Green Street | Tel.: 0044 20 8470 1221
www.purejewels.com

5 MINA STORES

Kleiner, sauberer Laden für sämtliche Trockenprodukte
274 Green Street

6 VIJAY'S CHAWALLA

Lokalmatador und nicht nur mein vegetarisches Lieblingsrestaurant
268–270 Green Street | Tel.: 0044 20 8470 3535
www.vijayschawalla.co.uk

7 PUJA SILK

Schlichte Fassade, aber das Angebot fasziniert auch Showgrößen wie Beyoncé.
258 Green Street | Tel.: 0044 20 8552 2002

8 KHUBSOORAT

Saris für alle Gelegenheiten, sehr schöne Stoffe
104 Green Street | Tel.: 0044 20 8475 0037,
www.khubsooratcollection.com

9 PRIYA EXKLUSIVES
Traditionelle und moderne Saris sowie Stoffe und Lehenga-Saris, die man nicht mehr wickeln muss.
18–19 Carlton Terrace / Green Street
www.priyaexclusives.com

10 SUNFRESH STORE
Ein Gang durch diesen großen appetitlichen Laden ist wie eine Warenkunde durch Südostasien.
11 Carlton Terrace / Green Street

11 HALAL MEAT MARKET
Das beste Fleischangebot der Green Street, aus Halal-Schlachtung
397 Green Street | Tel.: 0044 20 8470 7267

12 BOLEYN TAVERN
Hier feiern Fußballfans, aber sonst ist es ein sehr gemütlicher, atmosphärischer Pub.
Ecke Green Street / Barking Road
Tel.: 0044 20 8472 2182

13 WORLD CUP SCULPTURE
Im Gedenken an das WM-Endspiel von 1966 – Deutschland gegen England (2:4). Die Skulptur steht direkt neben dem Pub »Boleyn« und schräg gegenüber vom Bollywood-Kino »Boleyn Cinema«
Im Kreisel zwischen Green Street, Barking Road und Central Park Road.

1 QUEENS MARKET

Dass diese Straße viel mit Essen zu tun hat, sieht man auf den ersten Blick – nach rechts. Denn dort liegt direkt neben der Tube-Haltestelle der »Queens Market«. Schon seit 100 Jahren beliefert er die Bevölkerung mit Lebensmitteln.

Er wurde als bester Markt Londons für landwirtschaftliche Erzeugnisse ausgezeichnet. Wer die kulinarische Verbindung Indien – Ostafrika liebt, wird hier bei den zahlreichen afrikanischen Händlern fündig.

Der Markt ist zudem eine gute Quelle für Schnäppchen, besonders bei Haushaltswaren und farbenfrohen Perücken(!). Verderbliche Lebensmittel zwischen Koriandergrün und Aubergine gibt's allerdings noch frischer auf der Green Street.

Dienstag und Donnerstag sowie Freitag und Samstag von 9 bis 18 Uhr geöffnet

2 CRYSTAL FANCY SHOES

Gleich neben »Crystal Fancy Shoes« bieten Kadam Shoes (282 Green Street) und Unzé by Shalimar (286 Green Street) eine relativ ähnliche Bandbreite an Strass-Schuhen an, aber mir gefiel dieser Laden wegen seiner pfiffigen Bedienung und der Übersichtlichkeit am besten.

Sämtliche Schuhe sind aus Stoff gefertigt und mit Pailletten oder Strass (oder beidem) besetzt. Dicht an dicht stehen sie in wirklich jeder Schattierung zwischen Pink über Hellblau bis Lila und Knallrot oder Silber. So passen sie farblich zu jedem Hochzeitsoutfit. Für stundenlanges Gehen oder Stehen sind die Schuhe nicht gemacht, eher dafür, dass man auf Händen getragen wird.

Aber sie sehen wirklich prächtig aus und zur Boyfriend-Jeans und einem weißen T-Shirt auch sehr lässig.

Suri Cruise könnte hier ihrer Neigung für hochhackige Kinderschuhe nachgehen, denn auch für Kinder werden Schuhe mit Absätzen angeboten.

Strass-Schuhe: ab ca. £ 20

3 BEES

Wie viele Armreifen es im Geschäft gibt, kann selbst Geschäftsführer Sushil Raniga nicht beantworten, aber es dürften Tausende sein. Wer sich den aus vielen Teilen bestehenden Hochzeitsschmuck aus Gold nicht leisten kann, kauft hier eine Talmi-Version, die zwar keine Geldanlage ist, doch auch sehr überzeugend nach »glitz and bling« aussieht – genau das ist bei einer Bollywood-Hochzeit gewünscht. Die Verkäuferinnen beraten aber genauso zuvorkommend, wenn man sich nur passend zum T-Shirt einige Armreifen *(bangles)* für ein paar Pennies kaufen möchte und stellen sehr schöne Kombinationen zusammen.

Neben Armreifen und Hochzeitsschmuck gibt es Tiaras (Diademe), Ringe, Nasenschmuck, Handschmuck, Fußkettchen und wunderschöne Bindis. Eine kostenlose Stylingbroschüre bietet weitere Ideen und Anregungen für verschiedene Anlässe und Jahreszeiten.
Bindis: ab £ 2,50; mehr als £ 10 muss man hier für einen neuen Look nicht ausgeben.

4 PUREJEWELS

Hinter Panzerglas und Sicherheitsschleuse liegt dieses Juweliergeschäft der Gokaldas. Jamant Gokaldas (41), Enkel des Gründers, war im ersten Leben Investmentbanker in der Londoner City. Vor einigen Jahren hat er das Geschäft übernommen. Er liebt Green Street. »Die ganze ungeschliffene Authentizität Südostasiens«, finden sich hier. Natürlich ist ihm bewusst, dass Westeuropäer dieses Nebeneinander von Arm und Reich als schwierig empfinden. Für ihn ist das jedoch die Realität des Lebens, und es ist bezeichnend, dass der Familie auch der Modeschmuckladen »Bees« (siehe S. 166) nebenan gehört, wo es ähnlichen Hochzeitsschmuck für ein Zehntel des Preises gibt.

Laura Stone, eine Absolventin der berühmten Londoner Mode- und Designschule Central St. Martins (Stella McCartney, John Galliano und Alexander McQueen kommen auch von dort) soll bei »PureJewels« künftig das Schmuckdesign stärker in den Vordergrund stellen. Während bei den anderen Juwelieren der Green Street Goldschmuck nach Gewicht verkauft wird, soll der Schmuck in diesem Geschäft »Geschichten erzählen«. Das hat natürlich seinen Preis. Die Juweliere der Green Street erwirtschaften übrigens ein Prozent des Bruttosozialprodukts Großbritanniens.
Schmuckstücke: ab ca. £ 400

LANGE TRADITION: DAS CHAWALLA IST SEIT DREI GENERATIONEN IN FAMILIENBESITZ.

6 VIJAY'S CHAWALLA

Der 25-jährige Dhiren Sanghani leitet eines des besten vegetarischen Restaurants im East End. Er hat das Lokal von seinem Großvater Vijay übernommen, der das Geschäft gegründet hatte und noch immer sehr präsent ist.

Seine Mutter Ramuben (46) steht jeden Tag ab 9 Uhr morgens in der Küche. Mit ihrer Kochbrigade, die nur aus Frauen besteht – das ist in indischen Profiküchen genauso selten wie in deutschen – bereitet sie die Klassiker der vegetarischen Küche aus der Region Gujarat so zu, wie sie es von ihren Eltern gelernt hat. Lebensmittelfarben, die aus vielen indischen Restaurantküchen nicht wegzudenken sind, findet man in ihrer blitzblanken Edelstahlküche ebenso wenig wie Convenience-Produkte.

»Ich muss alles immer frisch zubereiten«, sagt sie. Die Geschäfte dafür hat sie direkt vor der Nase; sie kauft bei »Mina Stores« (siehe S. 180) und im »Sunfresh Store« (siehe S. 181) auf der anderen Straßenseite.

Der Name »Chawalla« bedeutet Teemann – wer den Film »Slumdog Millionaire« gesehen hat, kennt die berührende Liebesgeschichte zwischen dem *chai wallah* und seiner Freundin aus Kindertagen.

Serviert wird das Essen in »Vijay's Chawalla« typisch indisch auf Blechtellern *(thali)*.

Gerichte: ab ca. £ 3,50

INDIENS VEGETARISCHE KÜCHE

Auch wenn man sich mit indischer Küche noch gar nicht auskennt, weiß man doch eines, nämlich, dass viele Inder Vegetarier sind. Der Grundsatz des *ahimsa*, der Gewaltlosigkeit (wörtlich: Nicht-Verletzen) prägt diesen Kontinent schon seit über 1000 Jahren. Noch heute gibt es viele Inder, die streng vegetarisch leben, entweder, weil es die Tradition verlangt oder die Religion oder der Geldbeutel. Dank der zunehmend besseren wirtschaftlichen Verhältnisse ist der Verzicht auf Fleisch oder Fisch mittlerweile nicht mehr so stark ausgeprägt. Doch rund 30 Prozent der indischen Bevölkerung ernährt sich streng vegetarisch, verzichtet also beispielsweise auch auf fleischbasierte Brühen.

Gujarat, seit 1960 ein eigenständiger Staat und Heimat von Mahatma Gandhi, wird größtenteils von Jainas bewohnt, die sich der *ahimsa* besonders verpflichtet fühlen. Selbst amerikanische Fastfood-Ketten, die auch in Indien sehr beliebt sind, haben sich in Gujarat – mit 60 Millionen Einwohnern nur unwesentlich kleiner als Großbritannien – auf vegetarische Gerichte eingestellt.

MASALA DOSA

VEGETARISCHE PFANNKUCHEN

Die hauchdünnen, knusprigen Fladen aus Reismehl und Urdbohnenmehl erinnern an Crêpes und können wie diese mit diversen Füllungen kombiniert werden. Im Chawalla (siehe S. 169) bereitet man sie mit einer klassischen Kartoffel-Kräuter-Füllung zu und reicht sie mit Chutneys. Ein perfekter leichter Lunch.

Für 4–6 Personen

FÜR DIE DOSAS:

300 g Reis
100 g Urdbohnen *(urad dal)*
1 EL Bockshornkleesamen *(methi)*
1 EL Salz
4 EL Öl oder Ghee

FÜR DIE FÜLLUNG:

500 g Kartoffeln
Salz
1 Zwiebel
2 grüne Chilischoten
2 EL Öl
1 EL Senfsamen *(rai)*
1 kleines Bund Koriander
10 frische oder 2 EL getrocknete Curryblätter *(kari patta)*
½ TL Kurkumapulver *(haldi)*
1 Spritzer Zitronensaft
1 kleines Bund Koriander

Zubereitung ca. 1 Std. 30 Min. | Ruhen ca. 18 Std.
Pro Portion ca. 395 kcal

Zu einem Thali gehören neben Reis je nach Region Masala Dosa, Naan, Samosas, Papadam, verschiedene Currys, Chutneys und eventuell auch ein süßes Dessert. Die Gerichte werden klassisch in Metallschälchen auf einem Tablett angerichtet.

1 Am Vortag für die Dosas den Reis in eine Schüssel geben, mit Wasser bedecken und 6 Std. quellen lassen. Die Urdbohnen und die Bockshornkleesamen in einer zweiten Schüssel ebenfalls mit Wasser bedecken und ca. 6 Std. quellen lassen.

2 Dann Reis, Bohnen und Bockshornkleesamen in ein Sieb abgießen, abtropfen lassen und mit einem Küchentuch trocken tupfen. Alles im Mörser oder im Küchenmixer mehlig zerstoßen oder zerhacken. Das Mehl mit dem Salz in eine Schüssel geben und mit ca. 200 ml Wasser zu einem relativ flüssigen Teig verrühren. Den Teig zugedeckt über Nacht quellen lassen, bis er fermentiert (dabei bilden sich an der Oberfläche kleine Blasen). Falls er zu fest wird, noch etwas Wasser angießen.

3 Am nächsten Tag für die Füllung die Kartoffeln waschen und in wenig Salzwasser in 20–25 Min. weich garen. Abgießen und etwas ausdampfen lassen, dann pellen und fein hacken.

4 Die Zwiebel schälen. Chilischoten putzen, dabei nach Belieben die scharfen Kerne entfernen, waschen und fein hacken. Öl in einer Pfanne erhitzen. Die Senfsamen darin kurz rösten. Zwiebel und Chilis dazugeben und ca. 5 Min. dünsten.

5 Den Koriander waschen und trocken schütteln, die Blätter abzupfen und fein zerpflücken. Die frischen Curryblätter waschen, trocken tupfen und fein hacken bzw. die getrockneten Curryblätter zerreiben. Die Curryblätter mit Koriander, Kurkumapulver, Zitronensaft, der Zwiebelmischung und den Kartoffeln in eine Schüssel geben, mischen und salzen.

6 Eine große beschichtete Pfanne mit Öl einstreichen. Eine kleine Schöpfkelle Teig hineingeben und die Pfanne schwenken, sodass sich der Teig gleichmäßig verteilt. Den Dosa in ca. 2 Min. knusprig backen, wenden und die andere Seite ebenfalls knusprig backen. Den restlichen Teig ebenso verarbeiten.

7 Die Kartoffelmischung auf die Dosas verteilen. Die Dosas aufrollen und am besten gleich servieren.

COCONUT CHUTNEY

KOKOSNUSS-CHUTNEY

Dieses Chutney passt als Dip zu vielen Gerichten und peppt einfache geschmorte Gemüse auf. Aromatisieren Sie es scharf mit Chili oder fruchtig mit Tomaten und Chilis. Schütteln Sie die Kokosnuss vor dem Kauf. Wenn Sie Wasser darin gluckern hören, ist sie frisch und saftig.

Für ca. 400 ml
1 Kokosnuss
250 g Naturjoghurt
1 Stück Ingwer (ca. 1 cm)
1–2 grüne Chilischote(n)
2 EL Öl
1 EL braune oder schwarze Senfsamen (*rai;* siehe Tipp S. 56)
1 TL Koriandersamen *(dhania)*
1 TL Kreuzkümmelsamen *(jheera)*
2 EL geschälte halbe Urdbohnen *(urad dal)*
1 Msp. Asafoetida *(hing)*
Salz

Zubereitung ca. 30 Min. | Backen 15 Min.
Pro Esslöffel ca. 35 kcal

1 Den Ofen auf 180° vorheizen. Mit einem Schraubenzieher die »Augen« der Kokosnuss anbohren und das Kokoswasser abgießen. Die Kokosnus auf das Ofengitter legen und im Ofen (Mitte) 15 Min. backen.

2 Die Kokosnuss in ein Küchentuch wickeln. Die braune Schale durch gleichmäßiges, nicht zu festes Schlagen mit einem Hammer oder Fleischklopfer lösen – sie springt auf und lässt sich dann abschälen. Das Fruchtfleisch auf der Küchenreibe oder in der Küchenmaschine fein raspeln.

3 250 g Kokosnuss abwiegen (den Rest anderweitig verwenden, siehe Tipp) und mit dem Joghurt in einer Schüssel verrühren. Den Ingwer schälen und fein hacken. Die Chilischote(n) putzen, dabei nach Belieben die scharfen Kerne entfernen, waschen und fein hacken. Ingwer und Chili mit dem Kokos-Joghurt verrühren.

4 Das Öl in einer Pfanne erhitzen. Senf-, Koriander-, Kreuzkümmelsamen und die Urdbohnen in das Öl geben und zugedeckt ca. 1 Min. rösten.

5 Die Gewürze im Mörser fein zerstoßen und mit dem Asafoetida unter die Kokosmischung rühren. Das Kokosnuss-Chutney leicht salzen. In einem Schraubglas hält sich das Chutney im Kühlschrank ca. 1 Woche.

KOKOSNUSS-VORRAT

Übrige Kokosnuss können Sie einfach für andere Gerichte einfrieren. Dafür das Kokosnussfleisch fein reiben, zu Bällchen rollen und in einer Box ins Tiefkühlfach geben. Die Bällchen können Sie dann nach Bedarf portionsweise entnehmen.

TOMATO CHUTNEY

TOMATEN-CHUTNEY

Für ca. ½ l
100 ml Öl
2 EL schwarze Senfsamen *(rai;*siehe S. 56)
½ TL Kreuzkümmelsamen *(jeera)*
1–4 grüne Chilischote(n)
2 Knoblauchzehen
1 TL Currypulver
1 Msp. Cayennepfeffer
500 g Tomaten
Salz

Zubereitung ca. 20 Min. | Ruhen 1 Std.
Pro Esslöffel ca. 20 kcal

1 Das Öl in einer Pfanne erhitzen. Senf- und Kreuzkümmelsamen darin zugedeckt rösten, bis sie aromatisch duften.

2 Die Chilischoten putzen, dabei nach Belieben die scharfen Kerne entfernen, waschen und fein hacken. Den Knoblauch schälen, sehr fein hacken und mit den Chilis, dem Currypulver und dem Cayennepfeffer in die Pfanne geben.

3 Die Tomaten waschen, halbieren und die Stielansätze entfernen. Die Hälften in kleine Stücke schneiden. Die Tomaten zu den Gewürzen geben und ca. 15 Min. einkochen lassen. Salzen.

4 Das Tomaten-Chutney in ein Schraubglas füllen und 1 Std. bei Zimmertemperatur abkühlen lassen. Im Kühlschrank aufbewahrt hält es sich ca. 1 Woche.

SAMOSAS

TEIGTÄSCHCHEN MIT PIKANTER FÜLLUNG

Samosas sind das klassische Snackfood Indiens. Es gibt sie mit diversen Füllungen: vegetarisch wie im »Chawalla«, mit Hähnchen und Tomate oder herzhaft-würzig mit Rindfleisch. Das Rezept hier ist mit Blätterteig, so können Sie die Samosas im Ofen backen statt sie zu frittieren.

Für 14–18 Stück
400 g Kartoffeln
Salz
1 Packung TK-Blätterteig (ca. 270 g)
1 Zwiebel
2 EL Öl
150 g TK-Erbsen oder frische Erbsen
1 Stück Ingwer (ca. 1 cm)
1 grüne Chilischote
1 kleines Bund Koriander
1 knapper TL gmahlener Koriander *(dhania)*
1 TL Garam Masala
1 knapper TL gemahlener Kreuzkümmel *(jeera)*
1 Msp. Cayennepfeffer
1 Zitrone
Mehl für die Arbeitsfläche
1 Eigelb

Zubereitung ca. 35 Min.
Pro Stück (bei 18 Stück) ca. 95 kcal

1 Die Kartoffeln schälen und waschen, in ca. 2 cm große Würfel schneiden und in wenig Salzwasser in ca. 15 Min. weich garen. In ein Sieb abgießen, abschrecken und abtropfen lassen.

2 Den Blätterteig auf der Arbeitsfläche auslegen und auftauen lassen. Die Zwiebel schälen und in kleine Würfel schneiden. Das Öl in einer Pfanne erhitzen und die Zwiebel darin in ca. 5 Min. glasig dünsten. Die Erbsen hinzufügen und ein paar Min. mitdünsten.

3 Den Ingwer schälen und fein reiben. Die Chilischote putzen, dabei nach Belieben die scharfen Kerne entfernen, waschen und fein hacken. Den Koriander abbrausen und trocken schütteln, die Blätter abzupfen und fein hacken. Korianderblätter, Chili und Ingwer mit gemahlenem Koriander, Garam Masala, Kreuzkümmel, Cayennepfeffer und Kartoffeln unter die Erbsen mischen und kurz erhitzen. Den Saft der Zitrone auspressen, dazugeben und die Füllung mit Salz würzen.

4 Den Backofen auf 200° vorheizen. Den Blätterteig auf der bemehlten Arbeitsfläche dünn ausrollen und Quadrate (ca. 5 x 5 cm) ausschneiden. In die Mitte jedes Teigstücks etwas Kartoffel-Erbsen-Füllung geben und die Ränder mit kaltem Wasser bestreichen. Die Teigstücke zu Dreiecken zusammenklappen und die Ränder fest andrücken.

5 Die Teigtäschchen mit verquirltem Eigelb bestreichen, auf ein mit Backpapier ausgelegtes Backblech legen und im Ofen (Mitte) in 12–15 Min. goldbraun und knusprig backen. Die Samosas noch heiß mit Tomaten-Chutney (siehe S. 173), Koriander-Chutney (siehe S. 177) oder Raita servieren.

CHANNA MASALA

KICHERERBSEN-MASALA

Dieser feine Kichererbsen-Eintopf passt zu Samosas (siehe S. 174) und zu Naanbrot (siehe S. 147), aber auch als Hauptgericht mit Reis. Sie können dafür natürlich Kichererbsen aus der Dose verwenden, aber selbst gegarte schmecken einfach besser.

Für 4 Personen
200 g getrocknete Kichererbsen
(oder 1 große Dose Kichererbsen)
Natronpulver
1 große Zwiebel
1 Knoblauchzehe
2 EL Öl
3 Tomaten
1 TL gemahlener Koriander *(dhania)*
1 TL gemahlener Kreuzkümmel *(jeera)*
½ TL Kurkumapulver *(haldi)*
1 TL Mangopulver *(amchoor)*
Salz

Zubereitung ca. 30 Min.
Pro Portion ca. 210 kcal

1 Die getrockneten Kichererbsen in einen Topf geben und mit Wasser bedecken. 1 Prise Natronpulver dazugeben und die Kichererbsen zugedeckt in ca. 25 Min. weich garen. Dann abgießen und abtropfen lassen.

2 Die Zwiebel und den Knoblauch schälen und in kleine Würfel schneiden. Das Öl in einer großen Pfanne erhitzen und Zwiebel mit Knoblauch darin in ca. 5 Min. glasig dünsten.

3 Die Tomaten waschen, halbieren und die Stielansätze entfernen. Die Hälften in kleine Stücke schneiden und mit den Gewürzen und den Kichererbsen in die Pfanne geben. Aufkochen lassen und mit Salz würzen. Das Channa Masala lauwarm servieren (siehe oben).

ZWIEBEL-RELISH

1 große Zwiebel schälen, in hauchdünne Ringe schneiden und in eine kleine Schüssel geben. 1 TL Salz, den Saft von 1 Zitrone, 1 Prise rosenscharfes Paprikapulver und 1 Msp. Cayennepfeffer unterrühren. Das Zwiebel-Relish ca. 30 Min. durchziehen lassen und zu Reis oder als Beilage für Thalis servieren.

CILANTRO CHUTNEY

KORIANDER-CHUTNEY

Wer Koriander mag, wird dieses aromatische und ganz fix zubereitete Chutney lieben. Fahnden Sie in Ihrem Asia-Laden nach Koriander in dicken Bunden. Sie sind normalerweise frischer und preiswerter als im Supermarkt.

Für ca. 200 ml
60 g Koriander (ca. 4 Bund)
1–2 grüne Chilischote(n)
1 Zitrone
Salz | Pfeffer
1 EL Öl
1 TL Kreuzkümmelsamen *(jeera)*

Zubereitung ca. 15 Min.
Pro Esslöffel ca. 10 kcal

1 Den Koriander abbrausen und trocken schütteln, Blätter abzupfen und fein hacken. Chilischote(n) putzen, dabei nach Belieben die scharfen Kerne entfernen, waschen und fein hacken.

2 Den Saft der Zitrone auspressen und mit Koriander und Chili in einer Schüssel verrühren. Mit Salz und Pfeffer würzen.

3 Das Öl in einer Pfanne erhitzen. Den Kreuzkümmel darin kurz rösten, bis er duftet. Dann samt Öl in den Mörser geben und fein zerstoßen. Den Kreuzkümmel mit dem Koriander mischen. Das Koriander-Chutney zu Reis oder Samosas (siehe S. 174) servieren.

7 PUJA SILK

»We cover your body« ist das Motto dieses Geschäfts, das Saris von der Stange und als Maßanfertigung liefert, ebenso Hochzeitsanzüge für Männer. Dass die Preise nicht verhandelbar sind, steht fein säuberlich auf einem Stück Papier an jedem Sari angeschrieben. Aber die Preise sind überaus fair. Die schüchternen Verkäuferinnen bei »Puja Silk« kommen aus Bangladesch; auf Green Street ist eigentlich der gesamte Subkontinent vertreten.

Sari: ab ca. £ 14,50

8 KHUBSOORAT

Am Ende der Green Street, wo die Gemüsegeschäfte immer kleiner werden und traurig im Wind flatternde Pashmina-Fähnchen mit £ 10 Pfund noch überteuert sind, liegt das teuerste Geschäft für asiatische Brautmoden. Da sieht man wieder, dass Green Street für Überraschungen gut ist und die Ausdauernden belohnt – sonst könnte man ja auch gleich auf der Oxford Street shoppen gehen. Dass sich Liz Hurley, Beyoncé Knowles, Cherie Blair und selbst Prinz Andrew hier Kleidung schneidern lassen, lässt sich beim ersten Blick auf die moderne, aber ungepflegte Fassade nicht vermuten. Die Geschäftsidee, klassischen indischen opulenten Stil mit internationalen Elementen laufstegtauglich zu machen, ist so erfolgreich, dass das Geschäft im vergangenen Jahr eine Dependance in New York eröffnete. Im Februar kommen die neuesten Brautmodendesigns ins Fenster, doch seinen Namen hat sich das Geschäft mit Maßanfertigungen gemacht. Dafür empfiehlt sich jedoch eine Terminvereinbarung.

Brautkleidung: ab ca. £ 1000

9 PRIYA EXKLUSIVES

Hier gibt es traditionelle und moderne Saris und Stoffe sowie Lehenga-Saris, die man nicht mehr wickeln muss.

SO BINDET MAN EINEN SARI

1. Den Stoff einmal um die Taille wickeln und bei der zweiten Umdrehung an der Seite einstecken.

2. Den Stoff direkt vor dem Bauch in daumendicke Falten legen und mit den Fingern einer Hand festhalten.

3. Den gefältelten Stoff am Bauch unter den bereits gewickelten Stoff stecken. Den restlichen Stoff in der anderen Hand führen.

4. Links sieht man den gefältelten, eingesteckten Stoff. Die restliche Stoffbahn wird ein weiteres Mal und etwas höher um die Taille geführt.

5. Der restliche Stoff wird mit der Schmuckkante nach außen gedreht – Saris sind nicht einfach nur Stoffbahnen, sondern von Schmuckkanten eingerahmte rechteckige Stoffstücke.

6. Viel Stoff und wenig Platz um eine schlanke Taille: Die Trägerin hilft mit, damit eine schöne Tulpenform entsteht. In der Mitte gefältelter Stoff, links und rechts eingesteckter Stoff.

7. Der Stoff, der jetzt noch übrig ist, wird zu einem schmalen »Schal« gefaltet, über die Schulter gelegt und hinten in der Taille eingesteckt. Zum Schluss legt die Trägerin den »Schal« an der Schulter in enge Falten.

5 MINA STORES

Wie viele Sorten Mehl kennen Sie? Weizen, Roggen, Hafer, Dinkel... Danach wird's dann schon eng. Der kleine Supermarkt »Mina Stores«, der sich auf Trockenprodukte von Gewürzen über Hülsenfrüchte bis zu Mehlen spezialisiert hat, ist ein Paradies für Vegetarier. Hier gibt es neben diversen Weizenmehlen auch Mehl aus Reis, Linsen, Kichererbsen, Hirse, Grieß, Mais und Kartoffeln.

Diese Mehle werden in der indischen Küche zu ganz unterschiedlichen Produkten verarbeitet. Aus Attamehl, vergleichbar unserem Hartweizenmehl für Pasta, werden indische Brotvarianten wie Roti, Chapati oder Parathas gemacht. Maidamehl, ebenfalls aus Weizen, eignet sich für Samosas. Aus Grießmehl werden Dosas gebacken. Kichererbsenmehl ist die Grundlage für Pakoras und macht Currys sämiger.

Mengenmäßig ist ein Einkauf bei »Mina Stores« nichts fürs Handgepäck; am Eingang steht nicht umsonst *cash and carry*.

10 SUNFRESH STORE

Luffa, Erdmandel, Goabohne, Schlangenkürbis – wenn Sie da gleich Kochlust bekommen, dann ist der »Sunfresh Store« für Sie das Paradies. Wer nicht häufig asiatisch kocht, der hat schätzungsweise ein Drittel der angebotenen Gemüse und Kräuter noch nie gesehen. Allein aus dem Grund lohnt sich ein Besuch. Die Frische und Bandbreite des Angebots ist erstaunlich und selbst für Londoner Verhältnisse selten. Hier kaufen auch die guten Restaurants von der Green Street ein.

Gewürze bietet der »Sunfresh Store« ebenfalls in großer Auswahl. Jaggery, den Rohzucker, gibt es hier als eindrucksvolle Kilogramm-Zylinder. Die gesamte asiatische Welt verwendet Jaggery zum leichten Süßen oder zum Ausbalancieren von starken Aromen wie Fischsauce, Ingwer oder Limette.

Tipp: Die Inhaber von »Sunfresh« betreiben auch das zweitgrößte Bollywood-Kino des Landes, das »Boleyn Cinema«. Es hat drei Säle und liegt an der Ecke Green Street / Barking Street direkt neben der »Boleyn Tavern«.

11 HALAL MEAT MARKET

Wajid Gulzar (41) ist im East End geboren – das merkt man an seinem ausgeprägten Cockney-Akzent. Er beliefert das »Tayyabs« (siehe S. 45), das wohl authentischste und edelste pakistanische Restaurant Londons, mit Fleisch, das ausschließlich aus Halal-Schlachtung stammt. Bei dieser Schlachtmethode lässt man das Tier vollständig ausbluten, denn Muslime dürfen nichts essen, was Blut enthält. Auf Bestellung gibt es Schafsköpfe, Ziegenfleisch, auch ganze Rinderhälften.

WEST HAM UNITED

WEST HAM UNITED FOOTBALL CLUB

Die Autorin hält sich selbst für eine große Kennerin des englischen Fußballs: der unterscheidet sich vom deutschen Fußball dadurch, dass die Spieler zwar auch hinfallen, aber nicht liegen bleiben dürfen …

13 Fußballclubs spielen im Großraum London. Fünf, der Chelsea FC, der Arsenal FC, der Fulham FC, die Queens Park Rangers, die Tottenham Hot Spurs und West Ham United, spielen in der ersten Liga, der Premier League.

MIT DEM HAMMER ZUM ERFOLG

West Ham United ist der klassische East-End-Club und ausgerechnet der gilt als Talentschmiede für das gesamte Königreich und die viel reicheren Clubs. Legenden wie Bobby Moore und Geoff Hurst spielten für West Ham. Teddy Sheringham, Frank Lampard senior und junior, Jermain Defoe, Joe Cole und Paul Ince starteten von hier aus zur großen Karriere. Ursprünglich spielten im Verein Dockarbeiter aus den Werften, daher der Spitzname »Hammers« – der Hammer war ihr Arbeitsgerät. Die Vereinsfarben *claret and blue* strahlen fast so prächtig wie die Farben, die dem Besucher aus den Sari-Läden der Green Street entgegenleuchten.

Einer gern erzählten Geschichte nach hatte Heinrich VIII. seiner Ehefrau Anne Boleyn zu Zeiten der großen Liebe (später ließ er sie köpfen) einen Turm gebaut, den Boleyn Tower. Dieser wurde im Lauf der Zeit baufällig und abgerissen, der Grund und Boden, der Boleyn Ground, ist heute die Heimat von West Ham.

12 BOLEYN TAVERN

Im »Boleyn«, wie der Vereinspub von West Ham United abgekürzt wird, kann man die Hammer-Fans an Spieltagen übereinanderstapeln. Wie inbrünstig und falsch sie singen, lässt sich auf unzähligen YouTube-Videos bewundern. Aber auch wer gerne mal in einem schönen, gemütlichen und so richtig altmodischen Pub ein gut gezapftes englisches *pint* trinken möchte, wird sich hier wohlfühlen – vielleicht nur nicht vor oder nach einem Match.

Der »Boleyn« wurde in der CAMRA, der englischen Pub-Bier-Bibel, der Initiative für echtes Bier, ganz zu Recht als »einer der beeindruckendsten Pubs aus der späten Viktorianischen Zeit in ganz London« beschrieben. Im West End gibt es solche Pubs kaum noch. Die Brauerei Fuller's, die das begehrte London Pride braut, das hier ausgeschenkt wird, gehört zu den wenigen noch in London ansässigen Brauereien.

13 WORLD CUP SCULPTURE

Direkt neben dem Pub »Boleyn« und schräg gegenüber des Bollywood-Kinos »Boleyn Cinema« erinnert eine Statue an das legendäre Endspiel Deutschland gegen England im Jahr 1966. Die Frage nach *dem* Tor ist noch immer ein guter Eisbrecher, selbst bei Fußballfans, deren Väter damals noch Kinder waren. Die West-Ham-Spieler Bobby Moore, Geoff Hurst, Martin Peters und Ray Wilson waren beim Match dabei und sind hier verewigt.

DER SOUNDTRACK ZUR STRASSE

Eine Straße, in der Fußball, vegetarische Küche, Brautmoden und Halal-Schlachtung wichtige Rollen spielen, ist bestimmt auch musikalisch interessant. Tatsächlich kommt Tinie Tempah, einer der bekanntesten Rapper des Landes, von hier und macht (schwarze) Rapmusik.

Im »Vijay's Chawallah« hört man, wie in vielen Restaurants und Shops auf der Green Street, nur Bollywood-Musik. Der persönliche Favorit des Inhabers Dhiren Sanghani ist A. R. Rahman, der für die Filmmusik zu »Slumdog Millionaire« einen Oscar bekam.

SINISTER
CINEMAS OCT 5
115 via Canning Town

WEST HAM UNITED

TICKETS

BLACK

KÜCHENTIPPS

Wissenswertes rund um die indische Küche

Nicht nur die Zutaten der indischen Küche, auch einige Zubereitungsarten sind in unseren mitteleuropäischen Küchen ungewohnt. Hier ist alles Wissenswerte für Sie zusammengestellt.

EINKAUFSTIPPS

Viele Produkte aus diesem Buch werden Sie auch in deutschen Läden finden. Denn Linsen oder Senföl gehören nicht nur in die indische Küche, sondern auch in die Küche unserer Großmütter. Sie müssen also nicht unbedingt in einem auf indische oder pakistanische Produkte spezialisierten Markt einkaufen. Bioläden haben mittlerweile ebenfalls klassische indische Gewürze im Programm, beispielsweise Senfsamen oder Schwarzkümmel. Und Basmatireis führt jeder Supermarkt.

In größeren Asienläden finden Sie alles von Lotuswurzeln bis Urdbohnen. In vielen deutschen Kleinstädten gibt es wenigstens einen Mini-Asienladen. Da bekommt man zwar keine große Vielfalt an frischen Produkten, aber diverse Hülsenfrüchte, Reissorten und viele Gewürze. Schauen Sie überdies auf Ihrem Wochenmarkt vorbei. Oft gibt es dort Stände, die sich auf Produkte aus anderen Länderküchen spezialisiert haben.

Natürlich ist auch das Internet eine gute Quelle. »Herbaria« und »1001 Gewürze« bieten eine große Bandbreite an Gewürzen; bei »1001 Gewürze« kann man direkt bestellen (www.1001gewuerze.de), bei »Herbaria« erhält man eine Liste von Händlern (www.herbaria.com).

DOSIERUNG

Nicht alle Curryblätter sind einheitlich groß, und nicht jeder mag es scharf. Deshalb habe ich einen durchschnittlichen Wert bei der Dosierung angegeben. Wenn Sie Aromen nicht zu intensiv mögen, halbieren Sie einfach die angegebenen Mengen.

GEWÜRZE RÖSTEN

Ein typisch indisches Rezept beginnt mit dem Rösten oder Anbraten der Gewürze in Öl oder der trockenen Pfanne. Das intensiviert den Geschmack des Gerichts und sorgt später, so sagen es indische Köche, für eine gleichmäßige Aromatisierung, wenn Öl oder Ghee oder Butter zugegeben werden. Das Rösten geht fix, es dauert ca. 1 Min., dann nehmen die Samen an Umfang zu und platzen meist auf. Manchmal tun sie das so vehement, dass es sich empfiehlt, einen Deckel parat zu halten.

INGWER-KNOBLAUCH-MUS

In der indischen Küche ist diese Mischung eine Grundzutat. Viele Köche stellen davon gleich größere Mengen (im Verhältnis 2:1) her und bewahren sie im Kühlschrank auf. Ich finde allerdings, dass der Knoblauchgeschmack nach einigen Tagen etwas zu dominant wird, und mache das Mus deshalb immer frisch. Wenn Sie keinen Mörser haben, können Sie die klein geschnittenen Ingwer- und Knoblauchstücke auch mit einer Gabel zerdrücken.

ÖL UND SAUCE TRENNEN SICH

Beim Kochen von Currys ist es wichtig, dass sich Öl und Sauce trennen. Dabei bilden sich nach 20–30 Min. entweder nur Öltröpfchen, manchmal auch winzige Öllachen auf der Oberfläche. Das ist das Indiz dafür, dass die Aromaten gleichmäßig garen. Außerdem verkocht jetzt überschüssiges Wasser. Wenn Sie die Sauce gut durchrühren, bindet sie auch gleich wieder.

CHILIS GEBEN FARBE

Fein geschnittene Chilischoten in heißem Öl anbraten und mit kaltem Wasser ablöschen – die Kochflüssigkeit verfärbt sich rot und gibt Gerichten eine ganz natürliche kräftige Farbe.

GRÜNGEMÜSE

In Indien wird nichts Essbares weggeworfen. Was wir in Deutschland als ungenießbar ansehen, beispielsweise die Blätter von Kohlrabi oder Roter Bete, wird in Indien wie Spinat kurz gegart und pikant gewürzt. Eine kostenlose Beilage mit wenig Kalorien sowie vitamin- und mineralstoffreich – praktisch unschlagbar, wie schon unsere Großmütter wussten.

GLOSSAR GEWÜRZE

Von A bis Z, von Asafoetida bis Zimt, finden Sie in diesem Glossar Wissenswertes sowie praktische Hinweise rund um die typischen Gewürze aus der indischen Küche. In Asienläden, im Internet und teilweise in gut sortierten Supermärkten finden Sie ein großes Angebot.

Asafoetida: Getrocknetes Pulver aus dem Rhizom einer Doldenblütlerart. Quietschgelb (allerdings nicht färbend wie Kurkuma), mit einem an Knoblauch erinnernden, relativ durchdringenden Aroma – so erklärt sich auch der umgangssprachliche Name »Teufelsdreck«. Wird als Ersatz für Zwiebeln und Knoblauch eingesetzt, das aus religiösen Gründen von Jainas und einigen Hindu-Kasten abgelehnt wird. Sparsam dosieren.

Bockshornkleeblätter: Bockshornklee gehört zur Familie der Hülsenfrüchte und ist verwandt mit unserem Schabzigerklee. Seine Blätter schmecken leicht bitter. Sie werden zerrieben und in Schmorgerichten mitgekocht. Aufgewärmte Currys bekommen mit ein paar Blättern Bockshornklee einen frischen Geschmack. Können etwas großzügiger dosiert werden.

Bockshornkleesamen: Die Samen des Bockshornklees haben eine leichte Bitternote und werden wie Senfsamen im Öl kurz gebraten, damit sie ihr Aroma besser entfalten. Zu viel Hitze macht sie bitter und ungenießbar. Die Samen bleiben auch beim Kochen hart. Sie sind in den meisten Currymischungen enthalten. Die Bitternote ist Geschmackssache, deshalb lieber vorsichtig dosieren.

Chat Masala: Erfrischend schmeckende gemahlene Würzmischung für Currys; besteht meist aus Mangopulver, Asafoetida, Kreuzkümmel, Granatapfelsamen, Gewürznelken, Pfeffer, Muskatnuss und Macisblüte. Kann im Gegensatz zu Garam Masala mitgekocht werden.

Curryblätter: Namensgeber des Currypulvers und im selbigen auch enthalten. Werden frisch oder getrocknet im Ganzen verwendet, können mitkochen, werden vor dem Servieren entfernt. Die frischen Blätter erinnern an Lorbeer- oder Zitronenblätter, sind aber etwas kleiner. Können großzügiger dosiert werden.

Currypulver: Der Name bezeichnet eine Mischung aus unterschiedlichen Gewürzen. Korianderkörner, Pfeffer, Kreuzkümmel und Kurkuma und Bockshornkleesamen sind feste Bestandteile; Zimt, Gewürznelken und Kardamom sind möglich. Am besten frisch gemahlen und gemischt. Dosierung lieber zurückhaltend, die Aromen können dominant sein.

Fenchelsamen: Das an Anis und Lakritze erinnernde Aroma der Fenchelsamen kann in kleiner Dosierung mitgekocht werden. Es passt zu süßen Nachspeisen, aber auch zu würzigen Currys. In der süßen Mischung *mukhwas* kaut man es nach dem Essen, es erfrischt und reinigt den Atem. Die Samen können zu Pulver vermahlen werden. Sparsam dosieren.

Garam Masala: *Garam* heißt auf Hindi »warm«, *Masala* heißt »Gewürzmischung«. Diese gemahlene Gewürzmischung, ursprünglich aus Nordindien, soll Gerichten also Wärme und Aroma geben. Am Preis lässt sich ihre Qualität ablesen: Billiges Garam Masala enthält sehr viel günstigen Kreuzkümmel und weniger kostspielige Gewürze wie Macisblüte, Muskatnuss, Mangopulver und Gewürznelken. Neben Kreuzkümmel sind Zimt, Korianderkörner, Chili und Fenchelsamen feste Bestandteile der Mischung. Die meisten Köche geben Garam Masala erst kurz vor dem Servieren an die Gerichte. Wegen der starken Aromen eher sparsam dosieren.

Gewürznelken: Sie gehören zu den wichtigsten und teuersten Gewürzen, aromatisieren Süßspeisen und sind fester Bestandteil von pikanten Würzmischungen, wie beispielsweise Garam Masala. An einem trockenen, dunklen Ort lassen sie sich lange aufbewahren. Sehr sparsam dosieren; im Zweifel lieber ganze Gewürznelken anstelle gemahlener verwenden, die ganzen kann man leicht wieder entfernen.

Granatapfelpulver: Es wird aus getrockneten Granatäpfeln gewonnen, schmeckt leicht säuerlich und gibt Fisch- und Hähnchengerichten eine frische Note. Kann etwas großzügiger dosiert werden.

Kardamom: Kardamom gehört zur Ingwerfamilie. Sein volles Aroma verleiht er Gerichten, wenn die ganzen, leicht zerdrückten Kapseln verwendet werden. Während des Kochens lösen sich die schwarzen Samen aus dem Innern, die Kapseln werden entfernt. Kardamom passt zu Fleisch-, Fisch- und Gemüsegerichten, aber auch zu Süß-pikantem wie Chutneys. Sparsam dosieren, das Aroma wird sonst zu dominant. Kardamomkapseln sind von Natur aus grün, doch es werden auch schwarze Kapseln angeboten. Dabei handelt es sich um geräucherten Kardamom. Sein zartes Raucharoma verleiht vor allem Fleischgerichten eine interessante Würze. Gemahlene Kardamomsamen verlieren ihr Aroma schnell.

Koriandergrün: Die hellgrünen zarten Blätter haben ein intensives Aroma, das beispielsweise sehr gut mit Knoblauch oder Ingwer harmoniert. Sie können mitgekocht werden oder vor dem Servieren über das Gericht gestreut werden. Fein gehackt, verfärben sie sich schnell. Bei Koriandergrün scheiden sich die Geister: entweder man liebt es oder man mag es gar nicht.

Koriandersamen: Die Samen des Korianders sind unser typisches Brotgewürz. In der indischen Küche spielen sie eine wichtige Rolle. Das zart zitronige Aroma passt zu vielen Gerichten. Können großzügig dosiert werden.

Kreuzkümmelsamen: Gehören zur Familie der Petersilie, schmeckt sehr aromatisch und wird in der indischen Küche oft im gleichen Gericht als Samen und als Pulver verwendet. Gemahlen verliert es schon bald sein Aroma. Es passt zu herzhaften und milden Gerichten und gehört in die Standard-Currymischung. Besser zurückhaltend dosieren, er kann vorschmecken.

Kurkuma: Kurkuma ist wie Ingwer ein Rhizom, und sie kann ähnlich wie dieser frisch verwendet werden. Herkömmlicherweise wird sie aber als Pulver eingesetzt. Färbt Gerichte in einem appetitlichen Orangegelb, wirkt antibakteriell und hat ein zartes Pfefferaroma. Kann großzügiger dosiert werden.

Mangopulver: Es wird aus getrockneten unreifen Mangos gewonnen und hat ein zitroniges Aroma, weshalb es anstelle von Zitrusschale eingesetzt werden kann. Schmeckt besonders fein in Linsengerichten und Chutneys. Kann etwas großzügiger dosiert werden

Minze: Frische Minze hält sich im Wasserglas mit einer Plastikhaube bis zu einer Woche. Sie lässt sich leichter dosieren als getrocknete Minze, die relativ intensiv würzt. Das mit viel frischer Minze zubereitete Grüne Chutney ist eines der bekanntesten und beliebtesten indischen Chutneys. Es ist sehr würzig und schmeckt zu vielen indischen Gerichten, z. B. als Dip für Samosas. Frisch großzügig, getrocknet zurückhaltend dosieren.

Palmzucker: Er wird aus der Zuckerpalme oder aus Zuckerrohr gewonnen. Schmeckt weniger süß als herkömmlicher Zucker und hat ein feines malziges Aroma. Gibt es als Block oder als Täfelchen, wird mit einem Messer abgehackt und im Mörser zerkleinert. Kann großzügiger als Zucker dosiert werden.

Schwarzkümmelsamen: Die kleinen schwarzen Samen sind auch als Nigella bekannt. Sie sind nicht mit Kümmel oder Kreuzkümmel verwandt, sondern stammen von einem Hahnenfußgewächs. Die aromatischen Schwarzkümmelsamen passen gut zu Gemüsegerichten sowie Currys und werden oft auf Naanbrot gestreut. Sie können großzügig dosiert werden.

Senfsamen: Typisch für die indische und bengalische Küche. Werden die Samen kurz in Öl angebraten, verlieren sie ihre relativ starke Schärfe und schmecken würzig. Können etwas großzügiger dosiert werden.

Sternanis: Ein wunderschönes, an einen Stern erinnerndes Gewürz, das nach Lakritze schmeckt. Oft als Gewürzmischung im Chaitee. Sehr aromatisch, deshalb nur zurückhaltend dosieren.

Tamarinde: Sehr säuerlich schmeckend. Wird zum Abschmecken von Chutneys verwendet und ist Bestandteil der Worcestersauce. Sparsam dosieren, denn sie kann ein Gericht schnell zu sauer machen. Ergänzt sich gut mit Palmzucker.

Zimt: Wird in der indischen Küche auch als würzendes und nicht nur als süßendes Element verwendet wie in der europäischen Küche. Zimtstangen können präziser dosiert werden als Zimtpulver. Äußerst aromatisch, deshalb sehr zurückhaltend dosieren.

REZEPTREGISTER

Neben den Rezepten sind hier auch wichtige Sachbegriffe in alphabetischer Reihenfolge aufgelistet. Außerdem finden Sie die Rezepte auch unter ihren Hauptzutaten.

I/J

K

L

M

N/O

P

R

S

T

V

W

Z

SACHREGISTER

Adressen siehe **fett** gedruckte Seitenzahlen

Die werden Sie auch lieben.

ISBN 978-3-8338-2203-2

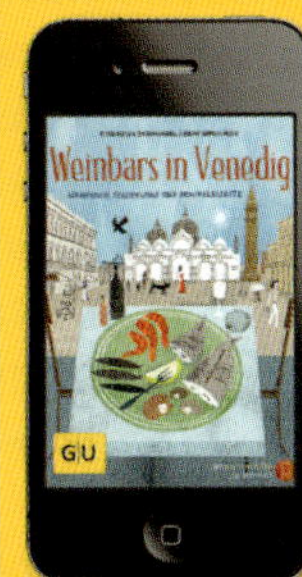

ISBN 978-3-8338-3404-2

Zum Buch Weinbars in Venedig: die kostenlose App für unterwegs!

- mit allen Spaziergängen
- mit interaktiven Stadtkarten, Reisetipps und Spezialitäten
- für iPhone & Android Smartphones

ISBN 978-3-8338-2519-4

e Auch als interaktives eBook für Ihr iPad im iBookstore erhältlich.

ISBN 978-3-8338-2198-1

ISBN 978-3-8338-3606-0

Mehr von GU auf **www.gu.de** und
facebook.com/gu.verlag

GU

Willkommen im Leben.